円高・デフレが日本を救う

小幡 績

ディスカヴァー
携書
139

はじめに
成功したアベノミクス

二〇一四年一一月二一日、安倍首相は衆議院を解散した。記者会見で彼は高らかに宣言した。

「この解散はアベノミクス解散であります」

「野党は、アベノミクスは失敗したと批判ばかりを繰り返しています」

「私たちの経済政策が間違っているのか。正しいのか。本当にほかに選択肢はあるのか。国民の皆様に伺いたいと思います」

＊＊＊

アベノミクスは間違っている。

ほかに選択肢がないという考えも間違っている。
そもそもアベノミクスという選択肢は、経済政策としてあり得ない。

一方、野党の批判も間違っている。
アベノミクスは失敗したのではない。
アベノミクスは間違っているから、当然の帰結が生じているだけだ。
当然の帰結が生じているから、それはむしろ成功だ。

円安とインフレを起こしたい。その目的を達成し、消費者の生活を苦しくした。
異常な金融緩和は、ショック療法で株価をどん底から引き上げたが、金融市場はバブルとなった。それが目的だから、これも成功だ。

痛みを伴わない政策で短期にバブルを起こし、コストとリスクは先送りする。
これがアベノミクスの本質だ。
この本質を一〇〇%実現したから、アベノミクスは成功したのだ。

そして、日本経済はそのすべてのコストをこれから払うことになったのである。

したがって、アベノミクスの効果が、今後、地方や中小企業など、これまで恩恵を受けていないところに回るということはあり得ない。

これからは、政策の影響は悪いものだけが増えていく。今、アベノミクスで良くなっていないところは、一生良くならない。そして、今後、さらに悪くなっていく。

しかし、日本経済は絶望的ではない。

政策は悪いが、日本経済は悪くない。

したがって、日本経済自体を悲観する必要はない。間違った政策を取り除けば、日本経済は自ずと力強さを少しずつ回復していくのだ。

本書では、アベノミクスという経済政策の誤りを丁寧に論じる。その後アベノミクスに代わる「他の選択肢」を明示したい。

小幡　績

円高・デフレが日本を救う　**目次**

第五章　アベノミクスの根本思想の誤り　99

第八章　真の成長戦略　165

第一章

経済政策と政策論争の危機

日本経済はヤバくない。
だが、経済政策がヤバい。政策論争はもっとヤバい。

＊＊＊

二〇一四年一〇月三一日、日本銀行は量的・質的緩和の拡大を行った。「リフレはヤバい」のであるが、リフレ政策、つまり意図的にインフレを起こす政策のダメ押しを行った。この追加緩和を行った理由は、まさにリフレを確実なものにするためだった。

経済政策によってインフレを起こすことは百害あって一利なしということが、政策担当者市場においては浸透していないようである。

しかし、人々や企業はそれに気づいてきた。メディアは、円安でコストが上がって困る、物価が上がって節約しないといけない、と企業や消費者多数派は悲鳴を上げていると伝え始めた。

エコノミストなどの有識者は、政策担当者と人々の狭間で戸惑っている。株高、円安の下での日本経済の好景気を歓迎しながらも、大幅円安でも輸出数量がいつまで経っても伸びないことに首をかしげる。

彼らは、「Ｊカーブ効果と呼ばれる現象だ」と当初は主張していた。輸出額は最初はむしろ減少するが、時間が経つにつれて、円安効果により、輸出の量も伸びてきて、輸出金額はそのうち大幅増加となる。だから、最初は輸出が増えなくても当然で、心配することない、と言っていた。

しかし、アベノミクス登場から二年以上が経ち、今では、この話は正しくないことを人々は知っている。その理由が、日本経済の構造は変化しており一九八〇年代とは違うことにあるということも、人々は理解するようになってきた。工場の多くは海外に移転してしまったので、円安になっても輸出数量は伸びないのは明らかだった。

一方、輸入面では円安のデメリットは大きい。日本企業が日本市場で売る製品も海外生産だから、円安により原価が上がっている。売上数量が減ることを承知して値上げするか、価格を据え置いて利益を削るかの選択に迫られているが、利益は減少あるいは赤字転落となった。輸出企業のイメージがある家電産業も、国内部門は苦しくなっている。

輸入サイドは円安で利益を減らし、輸出サイドは利益が増加しているから、このバランスでどちらが大きいか、ということだが、輸出サイドでさえ、利益は増えても、輸出も生産も雇用も増えていないから、輸出産業を念頭に置く多くの円安礼賛論者も、限定的な円安賛成に論調を変えてきた。

結局トータルでは円安はプラスなのかどうなのか、という議論になってきたのである。

円安：メリットVSデメリット

整理してみよう。

円安メリットを受けるのは、輸出や海外子会社で利益を得ている企業である。輸出数量を増やさず、したがって雇用も設備投資も増やさないが、企業収益は増加する。ドル建ての輸出価格を変えていない企業がほとんどで、そうなると円建ての輸出価格は上がり、円建てのコストはそれほど上がらないので（輸入部品、材料費のコストは上がるが、その部分が大きくなければ）、利益率は大幅に上昇する。

一方、輸入業者にはデメリットが生じる。円安による輸入の原材料費の高騰で、国内販売が中心の製造業、そしてサービス業にも大きな影響が生じる。サービス業であっても電気代、ガソリン代は円安による大幅上昇でコスト高となり、デメリットがある。たとえドルベースの原油価格が下落しても、円安でそのメリットが半減してしまう。

さらに、このコスト高はすべての消費者に及ぶ。輸入品の価格上昇、とりわけガソリンや食料などの必需品の価格上昇による生活コスト上昇は消費者を直撃する。必需品の高騰で、その他の支出に対する節約が必要となり、低所得者の負担感が最も大きい。

しかし、高所得者、資産保有者においても、デメリットは生じている。株式投資や不動産価格上昇による資産価値の増加に浮かれていても、それが一巡すれば、価格の上昇に不満が募る。所得も資産も多いので、必需品のコスト増の負担感は大きくないが、必需品に限らず、服飾品、輸入自動車、その他趣味の品々の高級品の多くは輸入品であるから、大幅な価格改定に直面する。円安進行初期には感じなかった価格高騰を目の当たりにし、彼らも高額品の消費を減少させるから、経済全体としても消費への影響は大きなマイナスとなる。

これらの合計がプラスかマイナスか。自動車産業を中心とする、国内生産比率と輸出比率が高い企業の利益増加が、経済全体が直面する輸入コスト高を補って余りあるものかどうかが、日本にとって円安がプラスかマイナスかを決めることになる。そういう議論が一般的となってきた。

円高が日本経済低迷の元凶だとしてきた論者たちは、これまでの主張との整合性をとるために、やはりトータルで見ると円安は景気にプラス、という議論をするしかない。しかし、消費者や企業の多くは、行き過ぎた円安は大きなダメージをもたらすと言う。

現実の日本経済は、日本は今や大幅な貿易赤字を継続的に計上しており、輸出よりも輸入が多い経済であるから、円安がデメリットとなる輸入のほうが多い以上、トータルでは円安は日本経済にとってマイナスである、というのが中立的な事実認識だ。

すべて消費税増税のせいなのか

それにもかかわらず、円安信仰の呪縛から抜け出せない論者もいる。

「なんとか円安の恩恵を経済全体に波及させることが必要だ」、「今後、円安を踏まえた企業の国内設備投資戦略を後押しするような政策が必要だ」などの無理な議論が展開されることもまだ多い。

しかし、現実は、円安信奉者にも日本経済にも厳しい。二〇一四年七－九月期のGDP増加率はマイナスに落ち込んだ。

政策担当者やエコノミストは皆、すべて大幅のプラス予想をしていたから、衝撃的なネガティブサプライズだった。政策担当者もエコノミストも日本経済を理解していないことを示した、と批判する論者もいた。

この論者たちは、いわゆるリフレ派の人々で、インフレを起こせば、日本経済の問題はすべて解決する、という立場だ。そして、アベノミクスの金融緩和は素晴らしいが、消費税増税は最悪だった、消費税増税ですべてが台無しになった、マイナス成長はすべて消費税率を八％に引き上げたせいだ、と主張する。過ちを二度と繰り返さないために、一〇％への引き上げなど問題外、可能であれば五％に戻すべきだとまで主張する過激派もいた。

このような過激派以外にも、日本経済は消費税率八％への引き上げにより景気が悪化したのであり、消費税率引き上げは大きな失敗だと考えている人々は多く、安倍首相もその一人であるように見受けられる。もともと消費税率八%への引き上げにも躊躇したのならば、足下GDPの数字が悪くなれば、一〇%へ上げるのは問題外だ、というのは自然な発想だ。

消費税率引き上げは景気にマイナスか。これは議論の余地なく短期的な景気にはマイナスだ。増税なのだからマイナスに決まっている。しかし、経済へのマイナスは、単に増税だからということにとどまらない。駆け込み需要の先食いとその反動減は、差し引きゼロではなく、経済にダメージを残す。

なぜなら、駆け込み需要による経済の過熱、そこからの急激な落ち込み、という大きな波は、経済活動に無駄な変動をもたらす。これにより、経済にロスが生まれ、トータルではマイナスになるのだ。

そもそも、景気対策というのは、経済に生じる景気変動の波を均すためのものである。一部にある消費税率引き上げ前の駆け込み需要で景気を刺激するという考え方は一〇〇%間違っている。

波をあえてつくる政策は、増税前の駆け込み需要に限らず、経済学的にはあり得ない。

しかし、実は、インフレを起こすリフレ政策とは、このあり得ない政策そのものなのである。これは、のちほど、金融政策の章で議論する。

さて、一方で、二〇一四年七－九月期のGDPがマイナスとなったことをもって、アベノミクスが失敗した、日本経済は不況に陥った、と論じるのも行き過ぎだ。同時に、消費税率一〇％への引き上げの一年半の延期により、日本政府の財政への信任が失われ、国債が暴落するという議論も、リスクを過大に主張している。

二％の増税を一年半延期しようがしまいが、日本政府の借金の額は長期的に持続不可能なまでに膨らんでおり、長期にはいずれにせよ実質破綻か調整を迫られる。今さら六兆円程度借金が増えたところで、すぐに破綻が起きるわけではない。

すべてを消費税率引き上げのせいにするアベノミクス支持者も、目先の数字でアベノミクス失敗を叫ぶ批判者も、自己主張の正当化のために、無理矢理な議論をしている。

これらの議論は、日本経済の真の現状を冷静に分析せずに、ただ、経済政策に関するこれまでの主張のポジションを守ろうとする議論に過ぎない。ポジショントークは、プロレスのようなテレビの討論番組と同じで、議論を不毛にするだけだ。

一般の国民は、アベノミクスが無意味で有害であることに気づいている。世論調査でも否定的な意見が圧倒的多数だ。

一方、首相、閣僚、政策担当者、そのブレーンたちの多くは、実はポジショントークをしているのではない。政治的な思惑でもなく、ポジショントークですらなく、ただ単に、アベノミクスは正しい、という誤った信念で政策を推し進めているだけなのだ。これは、より罪深いし、より絶望的な状況で、解決が難しい。

多くの国民が、政策の欠陥を理解しており、他方、権力者とそのアドバイザーたちがその誤りに気づかず、誤った政策に固執している。こんな悲劇的な国はめったにない。我々はなんと哀れな国の哀れな時代に生きていることか。

日本経済は危機ではないが、現在打ち出されている経済政策は危機をもたらす可能性がある。そして、その危機を止められないどころか、それに気づかないほど、ブレーンをはじめ現在の政策を支持している論者のレベルは危機的に低下している。
日本経済の危機ではなく、経済政策と政策議論の危機なのだ。

次の章では、まず、日本経済の現状、経済構造の現実を述べる。その後の章で、アベノミクスに関する経済政策論争の誤りを議論し、さらに、この誤りをもたらしている思考の誤謬の根源を分析する。

第二章
日本経済はヤバくない

日本経済は順調だ。危機などどこにもない。

日本経済は危機でもないし、のるかそるかの瀬戸際などではない。

いったい誰が日本経済を危機に陥れたのか。


それは、政府が、危機でもない日本経済を危機だと言い、言うだけでなく危機だと信じ込み、危機から抜け出す一発逆転を狙った無謀な経済政策に打って出たことによる。

危機などではまったくない日本経済は、無謀な政策により、危機に陥る危機となってしまったのだ。

二〇一四年七‐九月期のGDP増加率マイナスの理由

日本経済の現状を見てみよう。

GDP成長率は、二〇一三年一〇‐一二月期からマイナスに落ち込み、一‐三月期は消費税率八％への引き上げ前の駆け込み需要により大きくプラスとなったが、四‐六月期はその反動減で大きくマイナスとなり、七－九月期もマイナスとなった。
四－六月期は駆け込み需要の反動で大幅減というのは当然だったが、前章でも触れたとおり、七－九月期には大きくリバウンドするというのが多くの人の予想であり、エコノミストなどの専門家たちも年率でプラス二％から三％と予測を発表していた。しかし、実際には、プラス幅が小さかったどころかマイナスに落ち込んだ。この数字で、メディアなどは、一気に景気後退に陥ったか、アベノミクスの失敗か、と書き立てた。

しかし、実は、このマイナス自体はそれほど騒ぐことではない。

ＧＤＰ減少の大きな要因の一つは在庫調整である。大幅に在庫調整が行われたと内閣府が推計し、これがＧＤＰのマイナスとして計上されたからである。
しかし、この推計は、後日変わる可能性もあるし、そもそも、必ずしも景気が悪いことを示しているとも言い切れない。つまり、在庫が減ることは、企業が、将来売上げが減少すると悲観的に予想し、生産を抑えていることを示しているという見方もあれば、予想より需要が強く、在庫が思いのほかはけてしまったという見方もできる。この数字だけでは景気が悪いともいいとも判断できない。

このように、統計上の数字と経済実態のずれの存在の可能性があるから、ＧＤＰ増加率大幅マイナスという数字だけで、ショックを受ける必要はない。


七－九月期にＧＤＰ増加率がマイナスとなった第二の要因は、消費の回復が小さいことである。しかし、これも当然のことだ。なぜなら、今回の消費税率の引き上げによる駆け込み需要は、予想以上に大きかったからである。

二〇一四年一－三月期のＧＤＰ増加率は高くなったが、反動で、四－六月期のＧＤＰマイナス幅も大きくなった。三月までの駆け込み需要があまりに大きかったため、反動減は、四－六月期に収まらず、七－九月期も、その反動減が続いたのだ。ただそれだけのことである。住宅投資も大きく減少しているが、これこそ、各種政策優遇による二〇一二年末以来の長い駆け込み需要の反動で、この先も当分続くと思われる。

したがって、マイナスショックが重要でない第二の理由は、広い意味での反動減が続いているに過ぎないことだ。

しかし、もっと本質的な問題がある。それは、**GDPのマイナスは、消費税率引き上げによって始まったわけではない**という事実だ。すなわち、二〇一三年一〇－一二月期もGDP増加率はマイナスで、すでにGDPの減少はこのとき始まっていた。

二〇一四年一－三月期は駆け込み需要という特殊事情で大幅にプラスになったが、四－六月期はマイナスであり、七－九月期もマイナスであり、一月から六月も均してみればマイナスである。二〇一三年一〇月以来、GDP増加率は基本的にずっとマイナスなのである。七－九月期に新しい事件が起きているわけではない。

エコノミストの多くは、二〇一四年度全体でもGDP増加率はマイナスになると予測を変更した。消費は大きく回復せず、住宅のマイナスが続き、さらに公共事業などが二〇一三年度に急増した反動で、傾向としては今後もGDP増加率の低下に寄与する。これらにより、日本経済のGDPは、今後減少傾向が続く。マイナスあるいはプラスでも小さな値となると見込まれる、と予測を変更した。

つまり、GDPは、二〇一三年後半も縮小し、二〇一四年度も縮小する。日本経済の規模は、ずっと縮小しているのだ。

したがって、七－九月期のマイナスで大きく反応する必要はないし、それにびっくりして消費税率引き上げを延期する必要もない。真の問題は七－九月期のマイナスではなく、二〇一三年一〇－一二月期からのGDP増加率マイナスの継続である。一時的な景気の落ち込みではなく、傾向的なGDPの減少なのである。

二〇一三年一〇月以降のGDP増加率マイナスの理由

もちろん、これはより大きな問題だ。景気が短期に悪くなったのではなく、傾向的にGDPの縮小が続いているからだ。では、二〇一三年一〇月以降のGDP減少の理由は何か？

それは、**日本経済が成長しない経済になった**ことだ。

GDPの増加を「経済成長」と呼ぶ以上、GDPが増加しなくなれば「成長しない経済」ということになる。日本のGDPは、もはや増加しなくなっている。

なぜなら、GDPの上限は、どれだけ生産できるかという供給サイドにより制約を受け

図1　人口一人当たり潜在成長率の変化

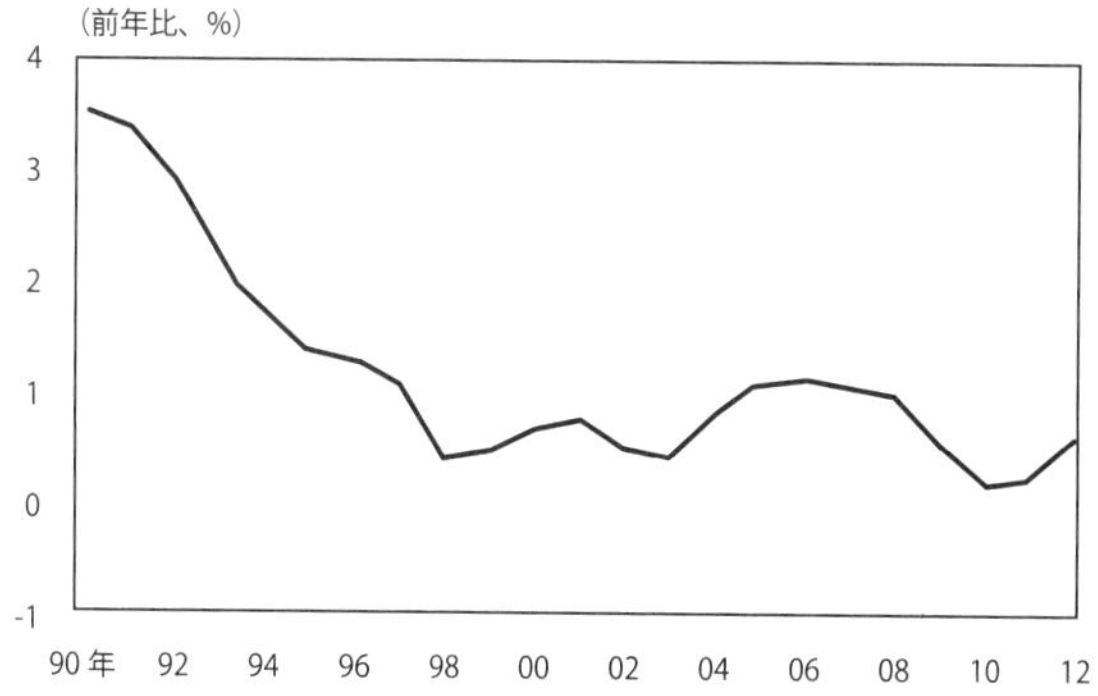

※内閣府資料、日銀講演資料より作成

るが、**潜在成長率という長期の供給力からみたＧＤＰの増加率が、傾向的に低下し続けているから**だ。これが、ＧＤＰが増加しない根本的な原因だ。

上のグラフに見られるように、経済の実力とも言える潜在成長率は一九九〇年以降ずっと低下してきた。

人口が減り、高齢化により労働力はもっと減っている。労働人口は今では全体の人口の半分に過ぎない。技術革新も一九八〇年代までのようなスピードでは進んでいない。

日本社会と日本経済の成熟に伴い、日本のＧＤＰ拡大能力は低下してきたのである。

したがって、需要を増やすことによって、GDP増加率をどんなに高めようとしても、**供給側のボトルネックがあるから、継続的な増加は望めない。**経済成長率は高くなりようがないのだ。

それにもかかわらず、これを無理矢理高くしようとしたことが、かえって、日本経済の成長率をさらに低下させたのである。

これが、二〇一三年一〇月以降のマイナス成長の一つの大きな原因だ。

つまり、日本経済が成長しないのは、すでにGDPが拡大しない経済構造になっていたこと、それにもかかわらず、それを無理に拡大しようとしたことがかえってさらなる経済の縮小をもたらしていること、この二つの理由によるのだ。

好循環どころか、長期の悪循環がすでに始まっていたのである。

無理なGDP拡大政策の大きく深い逆効果

二〇一二年一二月の第二次安倍政権成立から、経済政策は大規模拡張政策となった。金融政策、財政政策を限界まで（限界以上に）動員して、とにかく短期的に景気を刺激した。まず、いわゆるアベノミクスの第二の矢、財政政策の急拡大を見てみよう。

まず、二〇一二年度の補正予算で一二兆円を計上し、二〇一三年度も大幅に公共事業を予算計上した。これにより、GDPは大幅に増加した。公共事業は需要そのものであるから、すぐにGDPは増加する。つまり、財政出動によって、GDP増加率がかさ上げされたのである。

二〇一四年度に入っても、公共事業の拡大は続いている。しかし、さすがに急拡大した二〇一三年度からさらに大幅増加というのは難しくなってきた。財源も足りないが、人手不足で、工事を発注しようとしても受けてくれるゼネコンがいない。この結果、需要として実現した公共事業の増加幅への寄与度は縮小し、GDP増加率への寄与度は低下している。

これは財政出動のタマ切れだが、かさ上げの限界を示しているに過ぎず、**高い伸び率を続けることは無理**だというだけだ。それよりも本質的な問題がある。この無理なかさ上げは、**日本経済に実際にダメージを与えている**ということだ。すなわち、無理にGDP増大を図った結果、その副作用が大きく出てきているのだ。

端的に言えば、無理な拡張は効率性が悪く、トータルで大きなロスとなるということだ。一〇引き上げるために二〇使ったようなものであり、当初のプラス一〇のあと、長期にわたって二〇のマイナスが経済にもたらされる。

短期的に景気は良くなるが、長期の成長力はかえって落ちてしまうということだが、これは、あとの章で詳しく議論しよう。

しかし、アベノミクスの第一の矢、金融政策による経済に対する長期的な副作用は、財政政策によるダメージよりも、さらに深刻で根深い。

二〇一三年三月に安倍政権に任命された黒田春彦日銀総裁は、自称「異次元の金融緩和」を打ち出した。確かに度肝を抜く異常な金融緩和、金融市場に対する刺激策であった。

これにより、二〇一二年一一月から上昇してきていた株価はさらに急騰し、ミニバブルとなった。短期には資産効果（株式売買で儲けたり、保有株の時価総額が膨らんだりする効果）により、消費が刺激され、富裕層、資産保有層の高額消費が膨らんだ。
しかし、この短期的な棚ぼたの一方で、**コストとリスクは先送り**され、金融市場および日本経済は、長期的には大きなリスクを抱えることになった。

コストはすでに顕在化している。円安による輸入コスト上昇により、「コストプッシュインフレ」と呼ばれる悪いインフレが起きている。電気料金やガソリン価格の上昇に代表される生活コストと製造原価の上昇により、消費者と中小製造業・サービス業は、生活費上昇および経費増大で苦しんでいる。

短期にも長期にも円安は、経済にマイナスである。そもそも、円安は自国通貨の値下がりであるから、日本経済は円安により富を失う。我々の土地、株式、預金などすべての資産が、ドルベースで見れば価値が失われている。
実際、限られた我々の資産と所得で、原油や天然ガスなどの資源、食料など、ドルで価格が決まっているものを必需品として買うのだから、日本にある資産、おカネがどんどん失われることになる。経済学では、これを「交易条件の悪化による経済厚生の低下」と呼

図2　日本の交易条件の変化

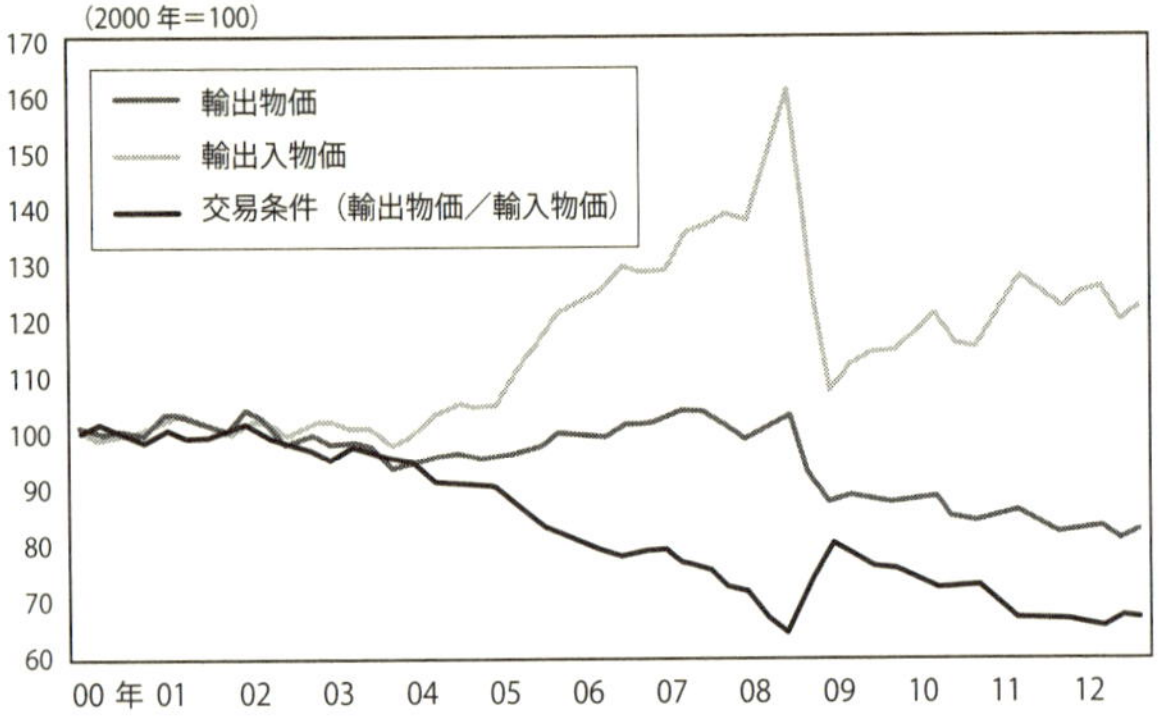

（注）輸出入物価は、GDPデフレータベース。　※内閣府資料、日銀講演資料より作成

ぶ。それがまさに今実現しているのである。このことについては、あとの章でじっくり述べる。

そのほか、長期的なコストとリスクについても、あとの章で詳しく議論することにするが、リスクとして最も大きなものは、**為替市場、国債市場の波乱の可能性が急激に高まった**ことだ。

つまり、異次元の金融緩和によって、為替、国債の価格変動が急激に高まり、将来これがどうなるか全く予測がつかなくなってしまった。このこと自体が混乱をもたらすのである。

サプライズを今起こす、ということは、将来もサプライズが起こり得るのであり、金融市場に振り回されることが予想される。しかも、それは日本銀行があえて自ら行う金融政策によるものだ。日本の金融機関、企業、個人は、今後とも金融政策に振り回され、突然の変化に怯えていかなければならないのである。

この「変動が予測できない状態」こそが大きな問題なのだ。これについてものちほど詳述する。

良い景気を悪いと叫べば、危機の神が訪れる

さて、これほどまでに大きな長期的コストとリスクを意図的に抱えてまで、短期的な景気刺激を行わなければならないほど、日本経済は非常に悪い状態なのであろうか。

二〇一三年一〇月から景気後退が起き、これは放っておけば長期に継続することになり、高齢化社会の不安ももともとあるから、この先はお先真っ暗……だから今、景気刺激あるいは一か八かの政策を打たなければいけないのであろうか。

そうではない。

図3　日米の失業率と時間当たり賃金の変化

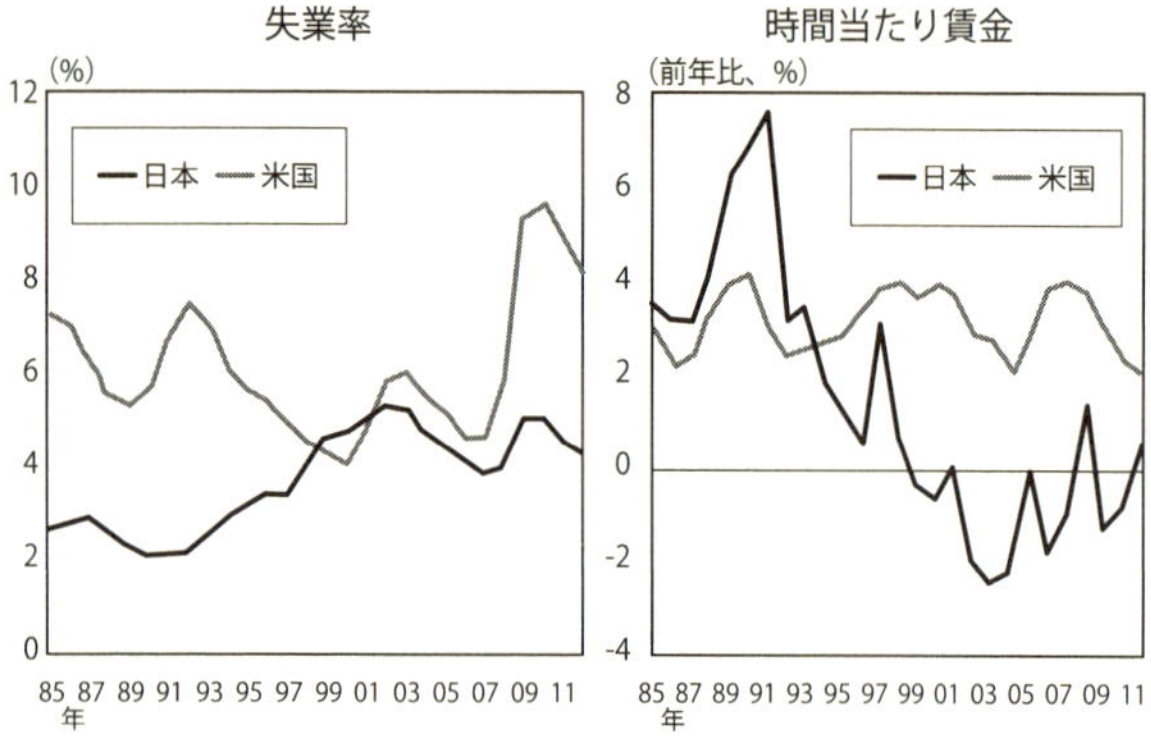

※内閣府、総務省、BLS資料、日銀講演資料より作成

日本経済は、まったく悲観することはない。日本経済は順調なのである。

失業率は現在三・五％である。この水準は、構造失業率と呼ばれる水準とほぼ一致している。完全雇用が実現したとしても、経済構造としてある程度の失業は残らざるを得ず、このときの失業率を構造失業率と呼んでいる。現在の日本経済は、ほぼ完全雇用を達成しており、短期的な失業対策は不必要な状態である。

賃金が上がっていないとか、非正規雇用がまだ多いというのは別の問題であって、景気の問題ではない。個別企業の雇用戦略の問題であり、それは経済の現実、経済構造の変化を踏まえたものである。

雇用について必要なことは、景気対策としての雇用対策、その場しのぎの対策ではなく、経済構造の変化を踏まえた長期的な人的資本蓄積であり、そこにこそ政策の出番がある。これもあとの章で議論する。

短期的な失業が問題でなく、景気は十分に良いことを裏付けるのが、潜在成長率の水準だ。潜在成長率とはいわば日本経済の実力を表したものであるが、日本銀行などの推計によると、ゼロ％あるいはゼロ％台前半となっている。

つまり、日本経済の実力は、現時点で十分発揮されているのである。**GDP増加率がゼロ付近であるのは普通の状態**である。むしろ、このところ、実力以上のGDP拡大を実現してしまったために、景気が悪いのではなく、むしろ良すぎる、すなわち過熱してしまい、その結果、経済に悪影響が出てきているのである。

すなわち、二〇一三年は一月から高いGDP増加率を無理矢理実現したため、その無理がたたって、一〇月以降失速したのである。二〇一四年がGDP成長率がマイナスになるといっても〇から大きくは下回っていないので、何も驚くことはない。増税が行われたことを考えれば、ごく普通の状態、日本経済の実力が普通に発揮されている状態なのである。

このような経済状況にもかかわらず、政府は、景気が一気に悪化したとして消費税率引き上げの延期をした。政府だけでなく日銀までもが異次元の金融緩和ですでに限界を超えている金融政策を、追加緩和でさらに拡大させた。異次元の異次元であるから、これには、これまで金融緩和に賛成してきたエコノミストたちですら、やりすぎではないかという疑問を呈するようになった。

危機ではない日本経済に対し、危機であると勘違いして、危機的な対応をとったために、日本経済は危機に陥る危機となったのである。

次章では、現在行われている経済政策をもう少し具体的に見る。そして、なぜそれが不適切なのか。さらに、なぜそんな不適切な政策を政権や日銀は打ち出しているのか。

そして、今後も過ちを繰り返すだけでなく、さらに大きな誤りを犯そうとしている、つまり、さらに追加刺激策を打ち出そうとしている。これらの理由を探りたいと思う。

第三章

アベノミクスの成功という日本の失敗

アベノミクスは失敗していない。

今が失敗だと思うなら、最初から間違っていたのだ。

アベノミクスとは、痛みを伴わない短期の刺激策を集中して行い、コストとリスクは先送りする、という政策である。その意図は実現した。

金融政策により株式市場のミニバブルが起こり、大幅な円安が進行している。意図通りのことが起きた。だから、アベノミクスは成功したのである。

唯一の問題は、アベノミクスの成功により日本経済が悪くなったことである。

日本経済は順調にゼロ成長

日本の経済の状況を、もう一度まとめよう。

図4　日本の実質GDPの変化

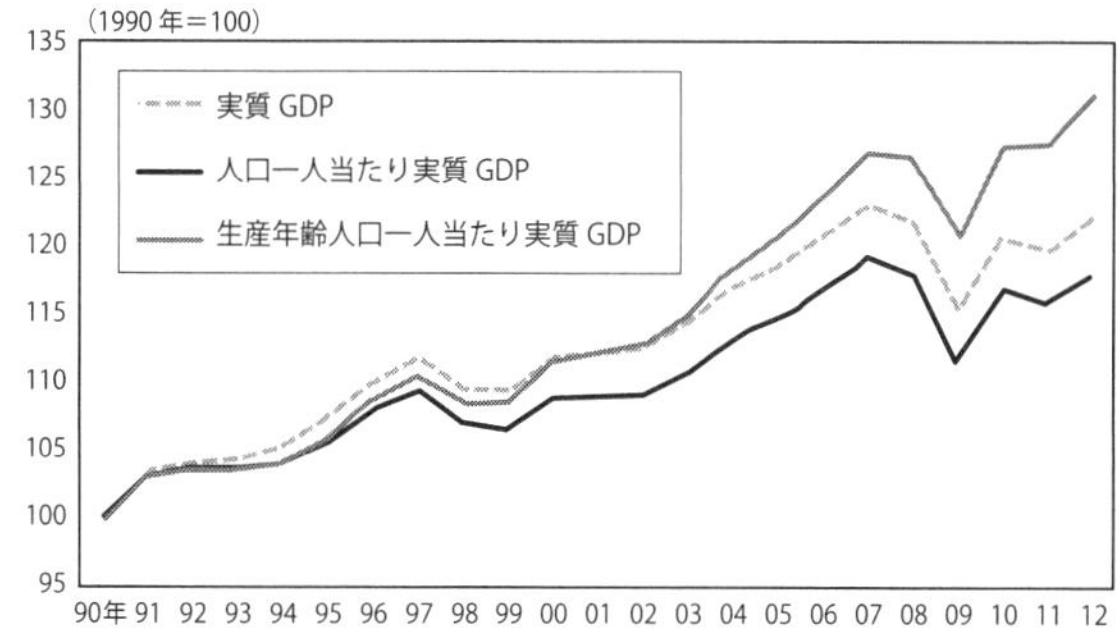

（注）1.　生産年齢人口は15～64歳の人口。
2.　2012年の人口、生産年齢人口は2011年の同じ伸び率として試算。

※内閣府資料、日銀講演資料などより作成

景気は良い。失業率は最低水準であり、日本経済の実力である潜在成長率を超えるＧＤＰ増加率を実現している。ＧＤＰ増加率の絶対水準自体は低いが、それが実力であるから、景気が悪いのではない。

一方、景気は良いといっても持続性はない。なぜなら、潜在成長率以上のＧＤＰ拡大を目指し、大幅な金融政策、財政政策を行った結果、ＧＤＰ増加率が大幅にかさ上げされているからである。公共事業などの財政支出を除けば、ＧＤＰ増加率は大幅に低下する。

同時に、インフレが起こり始めている。一部は、財政金融政策でつくり出したことによ

図5　各国の付加価値生産性の伸び率

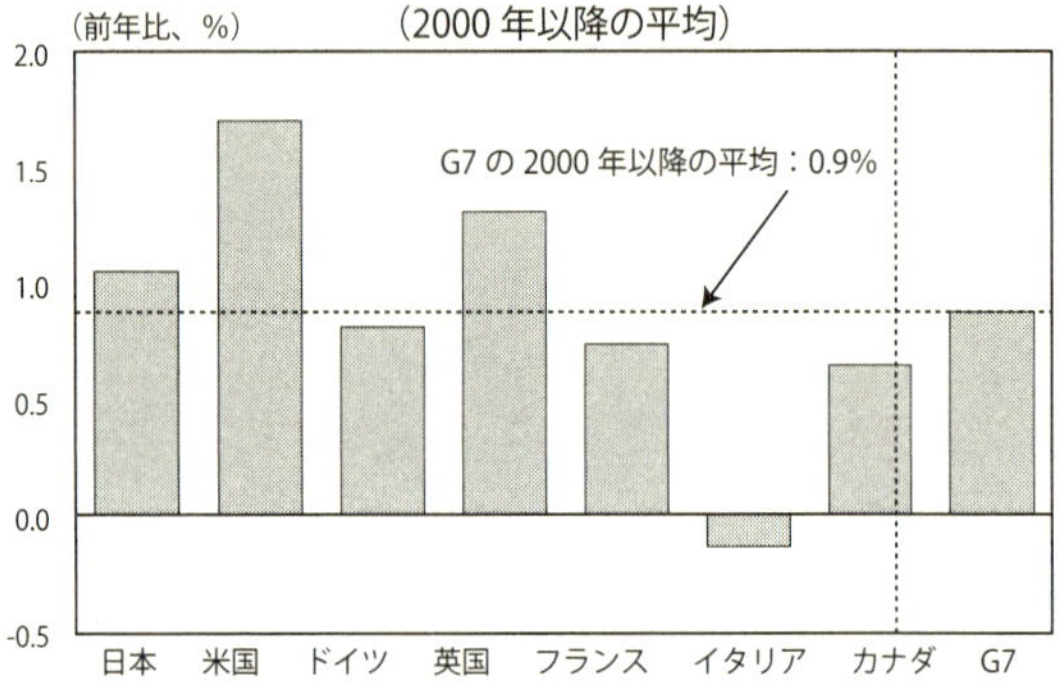

(注) 1.　就業者1人当たり付加価値生産性＝GDP/就業者。
2.　G7の生産性変化率は、7か国の伸び率の単純平均値

※OECD資料、日銀講演資料などより作成

る日本経済の実力以上の需要超過によるものだが、主因は大幅な円安である。円安によるインフレは、経済のコスト増をもたらし、その結果、生活水準、所得水準は実質ベースで見ると低下している。

ＧＤＰ増加率は、二〇一四年一－三月期の消費税引き上げ前の駆け込み需要期を除いて、二〇一三年一〇月以降マイナスに落ち込んでいるが、これは、もともと実力ベースでＧＤＰが増えない日本経済となっていることが背景だ。

マイナスと聞くと、特定の要因により急激に悪化したという印象を受けるが、普通の状態がプラスマイナスゼロだから、マイナスで

あること自体は危機というわけではない。

もう一つのGDPマイナスの要因は、二〇一三年前半に実力以上にGDPを拡大させてしまったことにある。過熱した経済が、そこから落ちてくるのは当然だ。今後、GDP増加率が急激に回復してくることはない。今の状態は定常状態に近いからだ。


このような現状からいくと、今後の経済は、短期的には、GDP増加率はゼロ付近、あるいは緩やかなマイナス傾向となると見込まれる。財政支出や消費税増税先送りにより、一時的にプラス幅が大きくなる可能性もあるが、その一時的な効果が消えれば、停滞傾向に戻ると見込まれる。実力である潜在成長率が低いままであるから、そこへ収束することになるだろう。

しかし、これは、定常状態だから、悪いことはなく、今後も、失業率は低いままであろう。景気が悪くなるのではないが、一方、現状よりも良くなることはない。今後、徐々にGDP増加率は低下していくことになろう。

健全性を悪化させるアベノミクス

このような経済状況においては、アベノミクスで日本経済が良くなることはない。今後、大都市部の好景気が地方や中小企業に回るということはあり得ない。今、アベノミクスの恩恵を受けているところ、株高と円安で直接恩恵を受けているところ以外は、マイナスの影響が徐々に大きくなるだけだ。

前述したように、アベノミクスは、金融政策による株高、円安と、財政政策による短期的なGDP増加率のかさ上げであるから、それが経済の長期的発展に資することはない。政策により、実体経済は何も変化していないし、これからもしない。何もしていないのだから、何も起こらないのは当たり前で、地方経済は、今後もこの二年間とまったく同じ構造であり続ける。

さて、何も変わらないのであれば、良くもなっていないが、悪くもなっていないかというと、そうではなく、確実に悪くなっている。

地方が悪くなっている理由は、直接的には、円安によるコスト高だ。輸入原材料の高騰、電気料金、燃料費、ガソリン代の高騰により、中小企業は苦しんでいる。輸入業者だけでなく、あらゆる企業、たとえばサービス業でも同様で、スーパーなら電気代大幅増加でコスト高となっている。

消費者も同様で、ガソリン代、電気代の増加により、そのほかの支出を抑えることになる。所得環境は全く変わらないから、コスト増加の分だけ貧しくなる。円安、インフレにより苦しんでいる。短期的にも、すでに直接の悪影響が広がっている。

中期的な悪影響もすでに顕在化しつつある。消費税率引き上げ時の駆け込み需要が過熱したことにより、企業にはロスが生じている。

経済というのは基本的に、**変動が大きくなればなるほどロスが大きくなる。**駆け込み需要の場合も同じである。駆け込み需要の獲得のために、小売店側は経費をかけて宣伝をする。それは一度限りしか役に立たない経費であり、時期が過ぎればあとには何も残らない。

新しい製品を開発して顧客を引きつけようとすれば、それは次につながる。新製品が魅力的なら、長期間売れ続けるし、その次の製品開発にもつながる。顧客を獲得し、長期的な顧客基盤になる可能性がある。たとえ、イマイチ売れなくても、試行錯誤のプロセスとして次につながり、将来への投資になる。

しかし、駆け込み需要を引きつけるための宣伝はその場で消えてしまう。経費はすべて消費であり、投資には一切つながらない。

消費者の側も同様に一時的な消費となり、あとに残らない。駆け込んだ分、お金は使ってしまうし、駆け込むという目的が優先し、それほど必要でないものも買ってしまうことになり、後悔することも多い。冷静にお金を使った場合に比べて、幸福度は下がることになる。

売る側も買う側も、祭りのあとは、骨折り損のくたびれ儲け、そして、ロスが残り、資産が減っているのである。

成長機会を奪うアベノミクス

アベノミクスの長期的な悪影響は、もっと深刻だ。

たとえば、公共事業を地方にばらまくことによって、今年の雇用を生み出した場合、これは一度限りのものとなる。つくられた公民館は、維持費もかかるので無駄であるだけでなく、最悪の場合はマイナスの効果をもたらす可能性がある。

さらに重要なのは、今年の雇用は無駄である以上に大きなダメージを地方経済に負わせることだ。なぜなら、公共事業の仕事は、今年は来たが来年来るとは限らないからだ。今後一〇年、二〇年続くとは思えない。

だから、若者は、公共事業関連の業界に就職しようとは思わない。当面の仕事としてもやりたがらない。この仕事を覚えても、長期的に役に立つとは思えないからだ。これで一生食べていけるはずがないからだ。未来がない。

中高年でも、この業界に行くのを躊躇する状況は同じだ。より深刻かもしれない。ここで仕事を変わり、次の仕事がなければ、年をとってからでは新しい業界に入っていくのは絶望的になり、直ちに雇用不安に陥る。ほかの仕事の望みがゼロであるか、すでに公共事業の仕事をしている人しか、この仕事を引き受けようとしない。

だから、人手不足は永遠に続き、現在、人手不足により滞っている公共事業の執行の問題は、解消できないまま続くのである。

すると、それでは困るので、無理矢理賃金を高くして、他の仕事をしている人をはがして集めてくることになる。これこそが最悪の展開だ。

なぜなら、優秀な人材が、一時的な高賃金に引き寄せられて転職すれば、今年はいいが、先がなく、数年後には仕事がなくなる。そうなると、この仕事を熱心に勉強して人的資本を蓄積して、より優れた働き手になろうという意欲が失われる。夜の道路の工事現場で光る赤い棒を振ると、思ったよりも高いバイト料になっても、それで一生食べていこうとは思わないし、より良い棒ふりの仕事に就くわけでもないのである。

そして、数年後、仕事がなくなれば、もとの仕事に戻るのも難しい。戻れたとしても、この数年、その分野の勉強も経験もしていないから価値が落ちてしまっている。なまっているし、他の人たちは、その業界の知識、経験を自然に身に付けているが、この人的資本の蓄積の機会を捨てたので、価値が落ちてしまっているのだ。

これにより、棒を振っていた働き手の成長機会は失われる。

多少賃金は低くても、勉強になる仕事に就いていれば、次につながるし、より良い働き手に成長するだろう。それは、彼らの将来の給料を上げることにもなるし、雇う側にとっても、より付加価値の高い働き手を手に入れられることになる。これが本当の労使の好循環だが、この機会を、政策により奪うことになる。

さらに、貴重な働き手を、未来のない、付加価値を生み出さない、景気対策だけの、最も無駄なセクターで吸収してしまい、ほかのセクターを労働力不足にし、付加価値を生むセクターの規模縮小をもたらす。この結果、経済全体の付加価値創造力、経済成長率は低下する。

このように、公共事業に限らず、**一時しのぎの景気対策の仕事をつくることは、長期の成長機会を失わせる**ことになるのである。

個人の働き手としての成長機会を奪い、労使の好循環の成長機会を奪い、経済全体の成長力も失わせる。

三重の成長機会の喪失により、日本経済全体の長期成長力は大きく低下する。いや、低下させてきたのである。これが、失われた一五年を生み出したのである。「あの苦しかったデフレの時代」とやらをつくり出したのである。

アベノミクスの「日本を取り戻す」という政策は、まさにこれだ。一九六〇年代の日本経済に戻ることを望むような政策は、日本経済の成長機会を喪失させる。

円安で工場を日本に回帰させるのは、世界的潮流から日本企業を逸脱させる政策だ。開発から生産まで市場に近いところで行い、現地の生のニーズを素早く取り込み、現地の人材とともにアイデアから出し合って、開発から販売まで一体化するというグローバル戦力が主流な現在、日本企業だけが一九六〇年代に戻ってしまっては、政策に惑わされた企業は、混迷する可能性がある。

日本経済は**政策によって、「新・失われた一〇年」を迎えるリスクを抱えてしまった**のである。

アベノミクスは、**金融政策で一時的な株高をもたらしたが、一方で、実体経済に対しては何ももたらさなかった**のみならず、円安によりコスト高を招き、交易条件を大幅に悪化させ、日本経済全体を窮乏化させている。

将来の経済に対しても、短期の景気刺激を優先することにより、長期の成長機会を奪い、ただでさえ低い日本の長期成長力の将来性を低下させている。

さらに、これらの問題を上回るリスク、危険が現在生じている。それが、アベノミクス最大のリスク、異次元の金融緩和による金融市場のリスクである。これを次章で議論する。

第四章
黒田バズーカの破壊的誤り

本章では現在の金融政策の誤りを議論する。

端的には、黒田日銀総裁が打ち出した、量的・質的緩和と呼ばれる超緩和的な金融政策のどこが誤りか、どのような危険性があるか、どうしてこんなことを黒田総裁はしでかしてしまったのか。これらを議論していく。

＊＊＊

まず、大規模な超金融緩和は必要ない。

なぜなら、失業率は三％台半ばで完全雇用に近い水準であり、景気は良く、また、銀行危機や金融市場の危機も起きていないからである。

極端な金融緩和は、コストとリスクを伴う。だから、必要がないのにやるのであれば、それは害である。

それにもかかわらず、黒田総裁はなぜ、このような金融緩和を自信満々に行っているのか。そして、一部のエコノミストはこれを高く評価するのか。学者の中にも、米国を中心に強い支持が一部にある。これはなぜなのか。さらに、世界中の投資家、投機家は、量的緩和という超金融緩和を大歓迎しているが、これはなぜなのか。これらを考えていこう。

黒田総裁の五つの誤り：円安戦略と実質金利戦略

黒田総裁は、五つの誤りを犯している。

第一の誤りは、**円安が日本経済にとって望ましいと考えている**ことである。その時代は一九八〇年代前半に終わった。これは先にも触れたし、別のところでも再度触れるが、円安はプラスと考えているから、通貨価値をわざわざ下落させるような極端な金融緩和を意図的に行っているのである。

第二の誤りは、**インフレ率を上げて実質金利を下げようという考え方**だ。これは実は、マクロ経済学の教科書にも出てくる普通の考え方だ。しかし、現在の日本では、この効果はほとんどなく、また、無理にインフレ率を動かさなくても実質金利低下は達成可能である。したがって、インフレ率を動かして実質金利を下げようとする必要はなく、誤りだ。

金融政策における景気刺激策とは、金利を引き下げて、投資や消費を促すことである。中央銀行は、短期の金利をコントロールしており、これを政策的に引き下げることになる。しかし、これがゼロまで下げられてしまうと、もうそれ以上は下げられないから、金融政策は行き詰まることになる。

設備投資などの投資をするときは、投資のリターンと、そのコストである利子率を比較して決める。このときの利子率は、表面上の金利、つまり名目金利からインフレ率の予想値を差し引いた実質金利である。

したがって、設備投資や住宅投資を促進したいならば、実質金利を下げるために、名目金利がゼロでそれ以上は下げられない場合には、インフレ率を上げようとする。だから、金融緩和のためにインフレ率を上げる必要があるということだ。

これは、一般的な考え方だが、**日本の現状ではインフレ率を上げて実質金利を下げようとするメリットはほとんどない。**理由は二つある。

第一に、実際の金利は下げ余地があるからである。インフレに頼らなくても、金利引き下げは実現可能であるということだ。

中央銀行のコントロールする金利は短期金利で、コールレートと呼ばれるオーバーナイトつまり一日の金利だ。これがゼロで下限に貼り付いていても、それより長い金利に関してはゼロにはなっていない。普通は、短期よりも長期のほうが金利は高くなっているから、長期金利はプラスであって、これは下がる余地がある。

量的緩和政策の効果は、実際には、インフレを起こすことからではなく、長期国債の買い入れそのものから生じる。買い入れによる国債の値上がりがすべてだ。つまり、国債の値上がりとは金利の低下であるから（元本が値上がりするから、利子が一定なら利回り＝利子率は低下する）、長期金利の低下が実現するのだ。

実際、米国では、量的緩和による買い入れ対象が、米国長期国債だけでなく、ＭＢＳという住宅ローン担保証券であったこともあり、住宅ローン金利が低下し、量的緩和は一定の刺激効果を持った。また、もともと米国長期金利は高いので（名目ではなく実質金利で見ても)、長期金利の下落余地が十分にあったため、景気刺激効果を持った。

一方、日本は、銀行間の過当競争もあり、また商業銀行が米国よりもはるかに優れた融資能力を持っていたことにより、企業や個人への貸出金利は、常に十分低い。また、長期国債金利も一〇年物で一%を大きく割っており、〇・二〜〇・三%程度の下げ余地しかなく、影響は限定的だった。また、実体経済側の金利低下による投資余地も小さかった。

企業は、税制優遇もあって、設備投資をすでに十分行っており、金利の多少の低下で投資を増やすことはなかったのである。それよりも自社の製品に需要があるかどうか、自社のポジションが世界でどうなっていくかの見通しのほうが重要であり、投資するとしても海外が中心であった。

個人の住宅も、持ち家率が米国よりも高く、収入が十分にあるほとんどの家計では、すでに住宅を購入していた。もちろん、税制優遇とあわせてゼロ金利実感キャンペーンなどの銀行側の巧妙なマーケティングにより多少購入数が増えはしたが、それは建て替えや買い替えを予定していた人々の行動を前倒ししたに過ぎず、パイが増えたわけではないから、一巡すればむしろ景気悪化要因となった。消費税増税前の駆け込み需要を煽ったことや、エコポイントや地デジ移行でテレビ購入を煽ったのと同じで、二〇一四年四月以降、住宅投資は大きく落ち込んだ。

したがって、**そもそも金融政策の余地はほとんどなかった**のであり、量的緩和の投資促進に対する効果は、気合を見せる以外にはほとんど何もなかったのである。

黒田総裁の五つの誤り：デフレスパイラル危機

しかし、長期金利の低下余地が、現在の日本においてはほとんどないことは、多くの人が知っていることである。それにもかかわらず、なんとしてもインフレを起こして、それを景気刺激にしようとしたのはなぜだろうか。

それは、デフレスパイラルが存在すると、黒田総裁は信じているからである。

そして、これは大きな勘違いであり、第三の誤りだ。

デフレスパイラルなどというものは存在しない。デフレによる買い控えもない。

彼らが恐れるデフレマインドとは、悲観的な心理であり、あえて言うならdepression mindだ。社会や経済の雰囲気が良くなく、将来への不透明感から消費や投資を控える心理だ。

悲観心理は存在するが、その**原因はデフレという物価水準の下落ではない**。**将来への悲観論がすべて**で、これが需要を弱くした。この結果として物価が上がらなくなっているのであって、物価が原因で悲観論や消費手控えが結果、というのではない。**因果関係が逆**なのだ。

デフレスパイラルによる消費先送りというのは、理論的には考え得る。かつて経済学者で今はコラムニストのクルーグマンなどが一九九八年ごろに主張していた話であり、議論としては成り立つが、現実には存在しない。ところが、黒田氏はこのスパイラル論を信じており、それが物価をプラスにすることに躍起になっている理由の一つであると思われる。

このスパイラル論とはこうだ。

物価が下がることが予想される。消費者は、今年買うよりも来年買ったほうが安いから来年まで待つ。

そうすると、企業は売れなくて困るから、値下げする。

消費者はそれを見て、やっぱり値下がりしたと思い、さらにこの先も下落すると思う。だから、もう一年待つ。

そうすると企業は困ってさらに価格を下げる。

すると、消費者は三年後まで待つ。

このようなデフレスパイラルに陥り、日本は一五年間デフレに苦しみ続けた。

こういう議論だ。


現実的に考えればすぐわかるが、こんなことは実際にはない。消費者は必要なもの、欲しい物を値下がりするからといって一〇年も待ち続けることはない。せいぜい、バーゲンになったら買おうと衣料品を数ヶ月我慢するだけのことだ。

しかも、このようなバーゲンハンターは、もともと毎年バーゲンでしか買わないのだから、消費の先送りをしているわけでは一切ない。毎年季節はずれのものを買うだけのことだ。テレビなどの家電製品、進歩の早い携帯電話、パソコンなどもそうであるが、型落ちを待って、次のモデルが出てから買う人は、常にそういう行動をとっているだけのことだから、これも消費を先送りしているわけではない。

物価の継続的な下落により消費を先送りしている消費者は存在しない。デフレスパイラルは存在しないのだ。しかも、それが年率二〇％のデフレならともかく、高々一％なら、存在し得ない。

また、実物投資でもあり得ない。ビジネスチャンスがあるのに、来年のほうが一％安いからといって投資を一年待っていたら、この企業はチャンスを逃す。潰れてしまう。

デフレスパイラルが起こるのは金融市場だ。キャピタルゲインを狙う金融投資においては、投資タイミングは何よりも重要だ。安く買って高く売るのであるから、安くなるのであれば、それは絶対に待たなくてはならない。さらに、下落が継続しているならば、その途中で買ってしまっては致命的だ。明らかに損をすることになる。だから、投機家たちは買いタイミングを待ち続ける。

そして、金融市場では、価格は買い手の行動だけで決まる。皆が買うかどうか、それだけで決まる。だから、皆が買わなければ、下落が続くのであり、皆が買いに転じるまで、自分も待ち続けるべきなのである。

だから、人々の期待は自己実現する。下がると思えば誰も買わないから、実際に下がる。さらに下落期待が強まる。ますます誰も買わない。さらに下がる。さらに待つ。まさにデフレスパイラル、いや暴落スパイラルだ。

この現象を実体経済に置き換えたのが、一九三〇年代の大恐慌の時代に財政出動を提唱したケインズの「一般理論」であった。この金融市場の暴落スパイラルが実体経済でも起きた。だから、流れを変える財政出動が必要だ、ということである。

誰も消費しないから、誰も生産しない。だから誰も投資もしない。部品メーカーも生産しない。この結果、誰も収入がない。ますます、消費は減少する。誰もが自己防衛に走る。ただひたすら支出を抑えて耐え続ける。

これでは、経済が凍りついてしまう。これを動かすには、政府が支出を生み出すしかない。それが財政出動なのである。全体が動き始めれば、自己防衛で過度に萎縮していた人々も企業も動き出す。いったん動き出せば、他の人々も動き出す。売れるから生産を始める。そうするとその周りが動く。循環が始まる。

これが、デフレスパイラルとそこからの脱却のための財政出動というものだ。

これが先進国で起きたのは、大恐慌の次はリーマンショックだった。あれはまさにスパイラルだった。需要がこの世から消え去ったような数量調整だった。危機である。

一九九八年の日本の金融危機もまさに危機であり、それはデフレなどという生易しいものではなく、証券会社、銀行の破綻、金融システム危機だった。

しかし、大恐慌もリーマンショックも恐怖のスパイラルだが、マイルドデフレスパイラルというものは存在しない。毎年〇・五%程度物価が下落を続けるような静かなデフレではそれはスパイラルではない。継続的な経済停滞が物価上昇を抑えたのであり、マイルドデフレによりスパイラル的に消費が減少していったわけではない。

将来の物価の下落が現在の消費を手控えさせたのではなく、将来の所得不安、将来の年金制度不安、将来の日本の政治への不安、高齢化社会、人口減少、日本は終わりだというような悲観論の蔓延が、消費を萎縮させ、投資を手控えさせたのであり、株式市場はまさに、自己実現であるから、悲観論が自己実現したのである。

デフレスパイラルは存在しない

さて、今回、株式市場は悲観論脱却により急騰し、二〇一三年にデプレッションマインドからの脱却に成功した。株式投資による利益により高額消費は盛り上がり、資産が増えたことによる消費増（いわゆる資産効果）がはっきり現れた。

しかし、これは物価の将来見通しが変わったことにより生じたのではなかった。円安により輸入品価格の高騰が加速し、コストプッシュインフレが起きたが、それは消費を後押しするどころか、むしろ景気にも株価にもマイナスだった。デフレスパイラル脱却などではなく、消費者物価とは無関係に、株式市場、金融市場が盛り上がったのであり、ほかの投資家が買うだろうという予想が広まったことによるものだった。金融市場の論理で盛り上がったのだ。

円安も急激に進行したが、これもほかのトレーダーが円売りに動くだろうという予測によるものであり、金融市場は、ほかのプレーヤーの行動への予測で動くということを示したに過ぎなかった。

大規模金融緩和で動かしたものは、デフレマインドではなく、金融市場における投資家行動だけだったのである。

物価の〇・五％の下落を二％のプラスにしたところで、消費が増えるはずはない。プラス一％のインフレ率の予想値を二％にしたところで、消費は動かない。

むしろ、物価上昇により買えるものが減るから節約に走り、消費は減ることになる。将来の所得上昇が期待できなくては、消費は増えない。

インフレが所得上昇につながるとは誰も思わない。

デフレスパイラルも存在しないし、インフレ加速による消費増加も投資増加も存在しないので、インフレをあえて起こそうという考えは完全に誤りなのである。

黒田総裁の五つの誤り：物価は目的ではない

第四の黒田総裁の誤りは、物価を目標とし、インフレ率を上げようとしていることだ。輸入品をより高く買わされることになる円安が経済にマイナスであるのと同じように、物価が高くなれば、消費者が同じ所得で手に入れられるものは減るから、必ず生活水準は低下する。インフレは経済には明らかにマイナスだ。

それならば、なぜ物価を必死になって上げようとしているのか。それも、二％というターゲットに固執して、なにがなんでも二〇一五年度中に二％のインフレ率、期待インフレ率を達成したいのか？

実は、経済理論的には、物価は関係ない。一番基本的な理論モデルには、そもそも物価は出てこない。リンゴとミカンの相対価格というような「相対価格」だけである。物価とは単なる物差しだから、一〇センチと言うか一〇〇ミリと言うかぐらいの違いで、意味はない。センチでもインチでも同じことだ。あるいは、明日から、今日の一センチを二センチと呼ぼうと三センチと呼ぼうと同じで、すべての人が同じ基準に変更すればそれでよい。

しかし、近年のマクロ経済学においては、物価は最も重要な問題の一つとなった。現実には物価水準は重要であり、金融政策において、物価は経済における最も重要な変数だからである。

先進国では、一九七〇年代のオイルショックがあったが、新興国では、かつても今も、インフレが経済成長を阻害するから、インフレを抑えることが最優先の経済政策である。

しかし、なぜ、インフレが問題なのか？

それは、インフレの下では、将来への投資が起きないからである。

インフレになると、将来の価格がどのくらいになるか、わからない。予測が立てにくい。投資とは現在買って将来売ることであるから、買うほうのコストは確定するのに、将来の収入が確定しない。それは困る。だから、インフレの下では、将来への投資が起きないのである。

将来の変動の不安により阻害されるのは、設備投資だけではない。将来が不安であれば、人々は、消費も控えるし、いろんな契約、人生の決断も差し控えるだろう。住宅も購入しない。住宅購入は、個人にとっては最大の投資だから、影響は大きい。

つまり、**投資とは将来へのコミットメント、約束である。将来の物価水準が不透明、つまり、将来の売上収入が不透明なら、現在支出して将来の収入を期待する投資はできない**ということである。

インフレの罪：水準ではなく予測できないこと

投資の特徴は二つある。一つは、この「将来への約束」であり、もう一つは、「借り入れを伴うことが多い」ということである。

設備投資は多くの場合、銀行借り入れで行われる。住宅投資はもちろん、住宅ローン抜きでは考えられない。ここが一番の問題だ。すなわち、インフレが起こると、借り入れができなくなり、投資が大幅に縮小するのである、だからインフレは経済にとって、最も大きな問題の一つなのだ。

貸し借りを行うには契約が必要で、契約には金利が必要だ。インフレで将来の物価水準が不透明であると、契約を躊躇する。なぜなら、貸す側は、予想以上にインフレになったら、たとえば、インフレ率一〇％となったら、金利五％で貸しても、実質金利マイナス五％で貸すことになり、貸せば貸すほど損をしてしまう。それなら、貸したくない、ということになる。

あるいは、インフレ率一〇％になるリスクがあるなら、もともと金利を一五％にしておこう、それなら安全だ。しかし、それでは借り手は借りるわけにいかない。一五%の金利は払えない。投資に成功してもペイしないし、そもそも成功まで金利を一五%払い続けることはできない。こうして、融資は成立しなくなる。これが、インフレに悩まされる新興国や発展途上国の経済の状況だ。

どうすればよいか？　かつて、ブラジルではインデクゼーションということが起きた。つまり、すべての契約、つまり融資金利も賃金もあるいはコーヒーの値段も、物価水準に連動させることにしたのである。年率一〇〇〇%のインフレではやむを得ない。

喫茶店のコーヒーの値段も、仕入れの値段も給料も、毎日変化する。やってられない。もう、物価水準と連動せざるを得ない。しかし、それでも間に合わない。物価データを待っているわけにはいかない。人々は米国ドルを使うようになる。エクアドルのようにそれを正式にしてしまった国もある。これはダラライゼーションと言われる。

つまり、**インフレの何がいけないかというと、一〇〇〇%という水準そのものではなく、何%になるかわからない、ということが問題**なのだ。インフレ率自体は何%でもよい。諸悪の根源はリスクがあること、すなわち、将来のインフレ率が確定していないこと、そして、その変動幅が大きいことだ。

一〇〇〇%のインフレ率にもなると、下がれば二〇%になるかもしれないし、上がれば一〇〇〇〇%にもなるかもしれない。どちらもあり得ると思ってしまう。これでは、取引が成り立たない。

実質金利と実質価格を固定するために、事後的なインフレ率を足しこむことにして、実質金利、実質価格ですべての取引を行う。しかし、やはりそれは不便だから、別の通貨を使おうということになる。自国の通貨のコントロールを失うと、経済のコントロール手段も失うことになるから、それは最悪の結末だ。

逆に言うと、**インフレ率が固定していれば、インフレ率の水準はいくらでもかまわない。**一〇〇〇%のインフレ率であっても、必ず一〇〇〇%ぴったりのインフレ率であり、人々がそれを一〇〇%確信していれば何の問題もない。資産もモノも給料も、すべて自動的に一〇〇〇%毎年価格が上がっていくのなら問題はない。

理想的だった日本の物価を意図的に壊す政策

インフレ率が〇%でも一%でも二%でも、どの水準でもかまわない。問題は、人々が予想するインフレ率のコンセンサスがあって、それが毎年ほぼ予想通りであるかどうかということだ。

このためには、安定がすべてである。過去も未来も安定していることが、人々の間にコンセンサスをつくり、そしてその予想が必ず実現することを最も容易にする。

ここ一五年の日本は、インフレ率のコンセンサスの水準が確立していた。これ以上確立していないぐらい確立しており、ほぼ一%であった。この程度のインフレ率ならば、誰もインフレ率をまったく気にしなかった。誤差があっても一%からの誤差なら、無視できるようなものだった。

日本のインフレ率は、人々の意思決定に影響を与えないという意味で、最も理想的な物価状況だったのだ。

それを黒田総裁は、政策によって、あえて壊そうとしている。ありとあらゆるコストとリスクをかけて、日本銀行の使命として、壊すことに全力を挙げているのだ。

これ以上、誤った政策はない。

黒田総裁は、デフレマインド脱却のために、「期待インフレ率」のアンカーを動かそうとしている。これは、彼自身が繰り返し記者会見で強調している。これまで、日本のインフレ率は低かったから、人々の頭の中に、低インフレがこびりついている。アンカーとは錨のことだが、まさに錨が下ろされたように、インフレ率の予想値は一%に固定されている。放っておけば、インフレ率は一%に戻ってしまう。これを二%に上げるために、断固として金融緩和をするのだ。異常であったとしても、通常では考えられない政策であったとしても、断固としてやり抜く、と言っている。

この黒田氏の思考回路については、あとでまた議論するが、ここで重要なのは、現実のインフレ率も将来のインフレ率への人々の予想も一%で安定しているのに、この状態をあえて壊そうとしていることである。これほど愚かなことはない。

物価における最大の問題点である将来の不確実性が、非常に小さく、最も望ましい状態であるのに、それをあえてぶち壊そうとしている。

ところが現在の安定性は強固であるから、壊すのは容易ではない。

そこで、人々をあっと言わせるような異常な金融緩和をサプライズで打ち出すという奇策で、人々の予想も市場も動かそうとしているのだ。


安定しているものを動かすのだから、極めて不安定な状態に陥る。市場は混乱し、人々の期待、投資家の思惑は錯綜する。混乱した金融市場は、投機家にとっては絶好の稼ぎ場、長期投資家にとっては最悪の状況となる。これは一番避けなければならないことだ。それをあえて行っているのだ。

実際、二〇一三年四月の異次元緩和で市場は大混乱し、国債価格、つまり長期金利は乱高下した。国債を保有している銀行などの金融機関は右往左往した。最悪だ。人々の予想は揺らぎ、この先どうなるのか、予想は大混乱、コンセンサスははるか彼方となった。最悪の事態をあえて起こしたのである。


これは明らかな間違いだ。

しかし、黒田総裁は、なぜあえてこんな明らかな過ちを犯したのか？　あえて、人々を、市場を、経済を混乱させてまで、インフレ率を上げようとしたのか？　そして、今も、これからも、するのか？

すべては円高防止のため

おそらく彼は、日本も欧米と同じようにインフレ率が二％で安定することが必要だと考えているのだ。インフレ率が日本だけ一％であり、欧米が二％であると、この一％の差を調整するために、円は毎年一％ずつ高くなっていかないといけない。

つまり、今年は、為替レートが一ドル一〇〇円だったとする。日本で、一個一〇〇円で売られているものは、米国では一個一ドルでないとバランスがとれない。インフレ率が一％と二％でずれていると、翌年、日本では、同じものが一〇一円で売られ、米国では、一ドル二セントとなる。このバランスをとるためには、為替レートは一ドル九九円にならないといけない。

つまり、継続的な一%のインフレ率の差は、円高傾向を生み出すのである。この円高トレンドができるのが、日本経済にとって最も害悪なことだと、黒田氏は信じている可能性がある。

しかし、そうだろうか？

インフレ率の差を調整するためのものが為替レートであり、だからこそ、変動相場制をとっているのではないか。しかも、年率一%程度の差であれば、問題はそれほど大きくないのではないか。

実際、中国やその他新興国では、インフレ率はもっと高いから、継続的に米国ドルに対して為替が弱くなっている。しかし、これを止めるために、全力でインフレ率をいじろうとしているだろうか。そういう国はない。インフレ率を抑える工夫はしても、そのトレンドをあえて自由通貨下落の方向に変えようとしている国はない。

物価水準は経済の構造を反映しているのだから、それが安定しているのは理想的だ。これをあえて壊してまで、為替を固定しようとする意味がどこにあるのか。

手段にこだわり、実質を見失っている誤りである。

黒田総裁の五つの誤り：
期待インフレ率コントロールという誤謬

黒田総裁の第五の誤りも、手段への固執である。非常にテクニカルな誤りであるが、彼の金融緩和の信念を強く支えているものであり、最も致命的な誤りである。

それは、インフレ率の予想値である「期待インフレ率」をコントロールできると誤解していることだ。これが誤りだ。**期待インフレ率はコントロールできない。**

世界の中央銀行で、期待インフレ率を上げようとしている中央銀行はない。不可能であり、無駄であり、メリットがなく、一方、多大なデメリットとリスクがあるから、そんなバカげたことは誰もしようとしないのだ。

なぜそんなバカげたことを日銀だけしようとしているのか？

まずは、黒田総裁の頭脳の中を見てみよう。彼の論理はこうだ。

――現状、日本経済は、デフレマインド脱却の過程にある。日本経済を覆っていたデフレマインド、これにより、日本経済は需要不足による景気悪化だと誤解されていた。これを異次元の金融緩和で吹き飛ばし、株高、円安となり、景気も良くなり、日本経済の問題は需要不足にあるのではなく、供給サイドの問題であることが誰の目にも明らかになった。この意味で、異次元の金融緩和は大成功だった。

あとは、労働力不足を含め、政府の政策で問題にしっかり取り組んでもらいたい。金融政策は、その側面支援を続ける。消費税率引き上げは、もちろん必要なことで、財政基盤が揺らいでは、供給サイドの改善など実現しようもない。景気は良くなったのであり、需要不足も解消し、完全雇用もほぼ実現しており、消費税率引き上げは何の問題もない。

こういう認識であったはずである。

しかし、このような認識だとすると、二〇一四年一〇月三一日の追加緩和は必要がないはずだ。しかし、彼は信念として、これが必要と考えた。なぜか。彼のロジックは以下の通りである。

——日本経済は順調だ。需要不足も解消し、景気は悪くない。消費税率引き上げにより一時的に減速はしているが、踊り場に過ぎない。景気も物価も、この後、需要が供給を上回ることによって、また上昇を始めるだろう。しかし、ここにきて懸念材料が出てきた。それはデフレマインド復活のリスクである。

原油が予想外の大幅下落となった。この結果、足下のインフレ率が下がってしまった。これでは、目標としているインフレ率二%、期待インフレ率二%が達成できない。ここはなんとしても、期待インフレ率二%を維持しないといけない。

日本だけが期待インフレ率が二%未満だった。他の欧米先進国は長期の期待インフレ率が二%で安定している。あるいは均衡となったときの期待インフレ率が二%で揺るがない。いわばアンカー（錨）になっていて、多少ブレがあっても、落ち着けば、期待インフレ率は二%へ、アンカーのところへ戻っていく。

しかし、日本だけが二%にない。一%だった。この差が、これまでの継続的な円高傾向を招いてきた。なんとしても期待インフレ率二%を維持しなければならない。

しかし、日本では、現実のインフレ率がずっと一%あるいはそれ以下だったので、いったん期待インフレ率が二%になっても、アンカーがそこにないので、現実のインフレ率が下にぶれれば、期待もしぼんでしまって、期待インフレ率も再び一％に落ちてしまう。再びこの一％均衡にはまってしまう。だから、なんとしてもここは頑張らないといけない。

クリティカルモーメントだ。胸突き八丁だ。

ここをなんとかしのぎきれば、頂上は見える。

デフレマインド脱却、期待インフレ率のアンカー、つまり錨を二％のところに下ろせる。いったんそうなれば心配ないが、今は、まだアンカーがないから、期待インフレ率のアンカーを二％のところに持っていかないといけない。そのためには、現実のインフレ率が二％のところにないといけない。期待インフレ率二％アンカー達成のためには、是が非でも現実のインフレ率が二％にあることが必要だ。

なんとしても現実のインフレ率を高め、二％へ近づけ、アンカーが確立するまで、全力で続けることが必要だ。

だから、ここが勝負どころだ。

クリティカルモーメント。

多少の副作用があっても、インフレ率二％を達成するために、あらゆる手段を投入する。

だから、追加緩和を行った。逐次投入は行わない。それでは効果が小さい。

今こそが一番重要なところ、クリティカルモーメントだからだ。だから、一気にやる。

黒田氏の論理はこういうことだった。

期待インフレ率二％の達成メカニズムに関して、黒田総裁の狙う政策ルートは二つある。まず、追加の金融緩和で、円安を進行させ、原油下落の影響を円ベースでは相殺し、現実のインフレ率の低下を防ぐことである。

もう一つは、このような度肝を抜く政策まで行って、なんとしても期待インフレ率二％を達成し維持するという「気合い」を投資家たちに知らしめることだ。それにより、投資家たちの期待インフレ率を二％に持っていくということだ。

なぜ、二〇一四年一〇月三一日だったのか？　というと、それは、巷間言われていたような、消費税率一〇％への引き上げのお膳立てをつくるとか、そういうことでは一切なく、どうせやるなら、市場や政治に催促されて緩和するよりも機先を制したほうが、効果は一〇〇万倍ある、ということをよくわかっていたからだ。この点は、さすが黒田総裁と言うべきで、戦術的には黒田官兵衛ならぬ黒田春彦総裁の面目躍如だ。

二一世紀最大の失策

しかし、やったことは間違っている。現実経済の理解も間違っている。戦術的に見事である以外は、最悪の緩和だった。

結果も間違い。現実認識も間違い。最悪だ。

中央銀行としては、二一世紀最大の失策の一つとも言える。なぜか？

まず、**原油下落という最大の日本経済へのボーナスの効果を減殺してしまう**からだ。

日本経済の最大の問題は、円安などによる交易条件の悪化だ。原油高、資源高で、資源輸入大国の日本は、輸入に所得の多くを使ってしまい、他のものへの支出を減らさなければならなくなった。これが今世紀の日本経済の最大の問題だった。交易条件の悪化による経済厚生の低下として経済学の教科書に載っている話そのものだ。

二〇〇三年から二〇〇七年の実感なき景気回復においても、これが起きていた。あのときは、生産も雇用も輸出も伸び、ＧＤＰも伸びたのだが、原油を中心とする資源価格の大幅な高騰と円安で、資源輸入への支出が急増した。

その結果、他の支出へ回すカネが大幅に減少した。雇用が増え、勤労所得が増えても、資源以外は買えるものが減り、より貧しくなったという生活実感だった。

この実感は、数字的にも正しく、輸入資源以外への可処分所得が減少したのである。これが実感なき景気回復の正体である。

現在もそれに近い。今回は円安による影響がすべてであるが、原発停止もあり、二〇〇三年から二〇〇七年のときよりも円安進行が著しいため、大幅な所得の流出が進んでいる。これに歯止めをかけてくれるのが、原油価格の暴落であり、天の恵みと言ってもいいくらいのものである。それにもかかわらず、わざわざ相殺するように、物価が下がったら困るという理由で、円ベースの原油価格を引き上げてしまった。インフレを起こすために、円ベースの原油の輸入価格を押し上げる金融政策をとったのである。

これは明らかな間違いだ。一八〇度間違っている。

影響は原油だけではない。円安が急激に進むことによって、多くの生活必需品、原材料が高騰した。パソコンや電子機器の部品を含めて輸入品はすべてコスト高となった。我々は貧しくなった。

もし、インフレ率のために、原油下落の影響を消したいのであれば、インフレ率の定義を原油抜きの定義に変えればいいだけだ。原油抜きで考えれば、インフレ率は下がっていないのだから、それで十分なはずだ。

そして、さらに根本的な誤りがある。テクニカルだが、将来の危険性という意味では最も危険で致命的な誤りがある。

それは、**誤った目的変数に向かって戦っている**ことである。

誤った目的変数とは、期待インフレ率である。期待インフレ率はコントロールできない。それをコントロールしようとしている。不可能なことを必死で達成しようとしている。

この結果、政策目的の優先順位まで混乱してしまった。期待インフレ率のために、あえて日本経済を悪くしてしまっている。

異次元緩和という、長期にはコストとリスクを高める政策をわざわざ拡大して、わざわざ日本の交易条件の悪化を目指している。長期のコストとリスクを拡大することにより、短期的に日本経済を悪くしている。しかも、それをあえて目指している。

二一世紀中央銀行史上最大の誤りだ。

量的緩和による中央銀行の終焉

ここで、量的緩和のリスクについて触れておこう。

量的緩和とは、現在では、実質的には国債を大量に買い続けることである。これはリスクを伴う。国債市場がバブルになり、金融市場における長期金利、金融市場のすべての価格の基盤となっている価格がバブルとなるのであるから、金融市場が機能不全になる。

それを承知で、すなわち、バブル崩壊後の金融市場の崩壊のリスクは覚悟のうえで、国債を買い続けている。中央銀行が買い続けている限りバブルは崩壊しないので、そのバブルが維持されている間になんとかしよう、という政策である。

この場合の最大のリスクは、財政ファイナンスだと見なされることである。それによって、**中央銀行に対する信頼性、貨幣に対する信任が失われる**ことである。

財政ファイナンスとは、政府の赤字を中央銀行が引き受けるということである。実質これが始まっている、という見方もあり、アベノミクスとは異次元の金融緩和に支えられた財政バラマキであるという議論も多い。

財政ファイナンスに限らない。貨幣およびその発行体である中央銀行に対する信任が失われるのであれば、その原因、きかっけは何であれ、中央銀行は危機を迎える。危機と言うよりも終わり、中央銀行の終焉である。

量的緩和は、あえて、自己の信用を失わせるような手段をとりつつ、信用を維持することを目指すという綱渡りのような、非常に危うい政策なのである。

米国FEDと日銀の根本的違い

実は、国債などを大量に買い入れるという、この「量的緩和」は米国も行ってきた。しかし、「量的緩和」は前述のようなリスクを伴う危うい政策である。このような危うい政策は、どこかで脱出しないといけない、できれば、勝ち逃げして逃げ切りたい、つまり、景気刺激といういいとこどりをして逃げ切りたい……。

米国中央銀行FEDは脱出に成功しつつある。出口に向かい始めたのだ。しかし、日本は脱出に失敗するだろう。なぜなら、米国FEDとは根本的に考え方が違うからだ。日銀は、達成できない目標を掲げ、その達成に向けて全力を挙げているからだ。

それでも、勝ち逃げするチャンスがないわけでもない。適切でない誤った目的を掲げていても、途中でいいとこどりをして逃げ切れば、つまり、米国のように勝ち逃げすれば、当初の目的が誤っていたかどうかは関係ない。実際、米国は、目的とは無関係に、途中の副次的な効果の部分だけ、つまり、バブル的な景気の良さ、というものをいいとこどりして、手じまいを始めているのだから、日本にも可能性はあるはずだ。

なぜ、米国が成功し、日本が失敗するのか？

米国は、インフレターゲットは手段であり目的ではない、ということをわかっているからだ。

彼らは、二％のインフレターゲットを掲げながら、インフレ率が二％に達していなくても、出口に向かい始めた。なぜなら、目的は米国経済だからだ。失業率が十分に下がれば、インフレ率がターゲットに達していなくとも、異常事態の金融緩和を解消し、正常化に向かい始めるべきだ、と判断したのだ。米国は手段と目的を取り違えていないのである。

日本は、まったく違う。二重の意味で根本的に米国と違う。

第一には、インフレターゲットを最優先していることだ。期待インフレ率を二％にするために、原油安というメリット、交易条件の改善というメリットを消してまで、手段を達成しようとしている。日本経済という目的よりもインフレ率という手段を優先している。

さらに、驚くべきことに、日本銀行審議委員の一人は、講演で、中央銀行に対する信任を確保するためには、財政ファイナンスの可能性を疑われても、インフレターゲットを守るというコミットメントを維持することのほうが重要だと述べたのである。

財政ファイナンスとは、中央銀行が最も行ってはいけないものであり、その危惧を人々に抱かれては絶対にいけないものだ。これは、歴史的にも世界的にも、中央銀行として、最も避けるべきものである、というコンセンサスがある。それを、インフレターゲットのコミットメントよりも重要でない、と言ったのだ。

これは、世界の中央銀行の歴史に残る発言で、人類史上、二度と聞くことのできないものとなるだろう。

そして、日銀が米国FEDと致命的に異なっている第二の点は、達成できない目標を掲げているということだ。すなわち、「期待インフレ率」という、目標とすべきでない目標を掲げていることだ。インフレターゲット最優先よりも、さらに悪い。目標として間違っていると同時に、達成不可能な目標であるからだ。

達成不可能な目標を遮二無二達成しようとしているから、無理が生じる。そして、達成するまでコミットを続けるのだから、永遠に間違った政策を続けることになる。

そして、この政策は、経済にとって短期的にもマイナスであり、長期的には大きなリスクを伴う。マイナスのことを永遠に続けるから、日本経済は悪くなり続ける。長期的なリスクをとり続けるから、いつか、そのリスクは必ず実現する。つまり、経済か中央銀行か、どちらかが破綻するまで続けることになるのだ。

だから、二一世紀最大の誤りなのだ。

この道しかない、という道は、経済または中央銀行が破綻することが必至である道なのである。

期待インフレ率を目的とする致命的誤り

なぜ、「期待インフレ率」を目標とすることが、そこまで致命的に誤っているのか？もう少し詳しく述べておこう。

第一に致命的なのは、目標を達成する手段を持っていないことにある。

期待インフレ率という目標を達成する手段を中央銀行は持っていない。手段のない目標は達成できるはずがない。だから、これは永遠に達成できない目標であり、たまたま運良く期待インフレ率が二％に来て、そこにたまたまとどまってくれることを祈るしかない。

これは祈祷である。祈祷だから、異次元であることは間違いがない。

しかし、インフレターゲットは米国でもやっているのではないか。また、「期待に働きかける」ということは、米国もやっているのではないか。いや、かつての日銀、白川日銀でも、福井日銀でも行っていたことではないのか。なぜ、期待インフレ率という目標がそもそも達成不可能な目標だと言い切れるのか？

近年、世界の多くの中央銀行は「期待」に働きかけるようになった。人々、投資家の「将来の予想」すなわち「期待」に働きかけようとするようになったのだ。

日本銀行はこの先駆者で、二〇〇一年の世界初の量的緩和では、「時間軸効果」というものを発明し、人々の期待に働きかけようとした。「時間軸効果」とは、将来の金融政策にあえてコミットし、現在の金融政策として効果を発揮させることを狙ったものだ。

つまり、このときは、将来の金融政策について、物価が安定的にプラスになるまで金利を引き上げないと日銀が宣言することにより、将来も低い金利を日銀が維持することにコミットした。

こうなると、将来、景気が回復して、本来であれば金利引き上げが妥当となっても、日銀はゼロ金利を維持するので、この時期の金利は、本来あるべき金利よりも低くなる。つまり、投資家たちは将来の低金利を予想し、その期待値を現在の長期金利に織り込む。これにより現在の長期金利を抑える、という効果だ。

これは、現在の米国中央銀行FEDに受け継がれ、「フォワードガイダンス」と呼ばれているが、日銀の「時間軸効果」がオリジナルである。

ということは、過去の日銀も現在のFEDも、黒田日銀と同じように、期待に働きかけているではないか、黒田日銀の誤りなど存在しないではないか、と見えるかもしれない。

しかし、それは誤りだ。時間軸効果もフォワードガイダンスも、将来のインフレ率への予想値である**「期待インフレ率」に働きかけているのではなく、期待「金利」に働きかけている**のだ。インフレ率ではなく、金利、その期待に働きかけているのだ。

米国FEDのフォワードガイダンスは、将来の金利の見通しだ。これにより、投資家の「期待」名目金利に働きかけているのである。投資家たちの金利予想形成に働きかけているのである。

金利は、もちろん金融政策の手段である。中央銀行唯一の金融政策の手段である。短期金利、政策金利がゼロとなってしまったために、苦肉の策で量的緩和が編み出されたのだから、金利が中央銀行の王道の手段であることは疑いようがない。

手段を持っているから、その手段に対する予想をコントロールすることは当然可能だ。政策金利をコントロールする主体が、金利の期待値に働きかけるのは、正当で、王道であり、実際可能である。

厳密に言うと、手段は短期金利であり、予想は短期金利の積み重ねである長期金利であるから、短期と長期をつなぐものが必要となる。中央銀行が長期国債を買い入れることは、このつなぐ役割を果たす。

量的緩和の最大の効果は、国債を買って長期金利に直接影響を（悪影響も含めて）与えることにある。したがって、中央銀行は今や、量的緩和により、短期金利も長期金利も手段として手に入れたのである。


実は、長期金利をコントロールできるかどうか、さらには、そもそもコントロールするべきかどうかについては、意見が異なる。伝統的には、コントロールするべきでない、という考え方が主流で、白川前総裁は、長期国債を買い入れるときも、価格に影響を与えないように、市場で決まる金利水準を尊重して、買い入れを行っていた。

金融緩和過激派からすれば、だから金融政策の効果が出ない、辛気くさい緩和で、効果を殺している、ということになるのだが、だからこそ、市場の健全性を保っており、金融市場の最も重要な機能、リスクに関する価格形成を行うという機能を、民間の投資主体に委ね、金融市場の健全性を死守したと言えるのだ。

しかし、いずれの立場をとるにせよ、誰も、期待インフレ率をコントロールしようとはしてこなかった。期待インフレ率の形成を目標とする、ということは誰も行っていない。手段がなく無謀であるうえにメリットが何もないから、誰も行っていないのだ。

世界のすべての中央銀行は金利により金融政策を行っている。量的緩和となっても、結局は長期金利を下げることによって、住宅投資あるいは資産効果によって消費を刺激している。誰も、インフレ率を直接コントロールしようとはしていない。

インフレターゲットを行っているアメリカでも、インフレ率はガイダンスに過ぎず、二

％を超えると危険水域で、警告を発するだけである。だから、インフレ率が二・五％を超えなければ、一時的に二％を超えても、失業問題が大きければ失業対策を優先して緩和を続けると、米国ＦＥＤは宣言したのである。

インフレ率に対しては直接の手段はない。金利や量的緩和という間接的な手段しかない。インフレ率は経済全体で広く形成されるものだ。だから、インフレターゲットはそもそも目標ではなく手段なのだ。

ましてや、その予想値である「期待」インフレ率など誰もコントロールしようとしない。もちろん、参考にはする。しかし、あくまで観察対象であり、コントロール対象ではない。高くなりすぎると危険を知らせる警報器、あるいは体温計のようなものに過ぎない。「期待」は危うい。何によって決まるか、わからない。雰囲気もあるし、今回のように原油もあり得る。そんなものをターゲットとするのはおかしい。これが白川前総裁の考え方だ。ターゲットとしたとしても、観察対象であり、目標でも、コントロール対象でもないのだ。

このように誤った目標を掲げ、達成できない目標に、手段なしで向かっている現在の日銀の金融政策は、必ず破綻するのである。

第五章
アベノミクスの根本思想の誤り

アベノミクスで経済は良くならない。

それは、根本的な思想が誤っているからだ。

経済の本質を理解せず、日本に真に必要なことをわかっていないからだ。

これは、アベノミクスに限らず、これまでの経済政策論議でほとんど常に間違っていたことであり、アベノミクスを批判するエコノミストの多くも誤っていることだ。

それは、日本経済の問題は需要不足ではない、ということだ。

最悪の四段重ねの景気対策

景気が悪い、というのが経済の問題ではない。景気対策はいらないし、景気は刺激する必要はない。むしろ、それは無駄であり、経済成長を阻害するものだ。

日本の失業率は低い。三％台半ばである。これは、ほぼ完全雇用に近いと言われている。つまり、需要は足りているのであり、仕事は足りているのである。むしろ、働き手が足りないのだ。

この状況で、景気刺激策として、需要を生み出しても、それに対する供給が追いつかず、供給不能、あるいはコスト高、インフレになってしまう。実際、パートやバイトの時給は大都市では上昇しており、明らかな人手不足だ。だから、財政支出や減税は不必要である。たとえば、公共事業などは、不必要どころか、害悪である。なぜか？　第三章の繰り返しになるが、まとめておこう。

第一に、負債が残る。借金を返さなければならない。不必要なモノが残り、借金が残る。最悪だ。

第二に、無駄なだけでなく維持管理費がかかるので、無駄以上にロスが発生する。明らかにマイナスのモノが借金とともに残される。

第三に、公共事業という仕事が今年限りの単発の仕事で、持続性のある、未来のある仕事ではないことだ。雇用として最悪の仕事である。若年層はこの仕事に就こうとはしない。この仕事をしても、未来が見えないどころか、将来の失業が確実であれば、誰も寄りつかないのは当然だ。

さらに、第四に、万が一、仕事に就いてしまったら、最も悪い結末となる。ほかの仕事をする機会を失う。

最悪の四段重ねだ。

これは、公共事業に限らない。政府の補正予算などによる景気対策により、一時的な仕事を地方に配るのは、最悪で、地方経済を殺すことになる。

このような仕事に新たに就く人はいないから、非常に高い賃金でオファーせざるを得ない。それなら、といってこの仕事を受けてしまうと、別の仕事に就くことはできない。このような流れで三年間、この仕事をした後、一生働けるような分野の仕事に移ろうとしても、そういう仕事は埋まっているだろう。なぜなら、すでに、その分野で三年間修業を積んだ若者たちがいるからだ。

そうすると、しかたなく前の仕事あるいは似た仕事を続ける。飼い殺しである。

このような四つの理由で、短期的な仕事を生み出す景気刺激策は最悪なのである。

消費刺激は日本経済にマイナス

現在、政府も、公共事業への批判に応え、かつ、地方を活性化するために、地方に配るモノを地域振興券、あるいは、プレミアム商品券というようなものに切り替えてきた。これは、要は、個人への現金バラマキである。

しかし、これも、一〇〇%間違っている。

公共施設などと違って、維持管理費がかからないし、また個人も現金をもらって困ることはないから、公共事業に比べればましであるが、やはり、マイナスであることは間違いがない。少なくとも、メリットはまったくない。政府の借金あるいは将来の増税を財源に現金をばらまいているだけであるから、せいぜいプラスマイナスゼロである。

配られた側への所得移転にはなるから、低所得者に現金を渡したいという意図で分配政策としてやるのなら社会政策としては意味があるが、景気に対する効果はなく、経済にはまったくプラス面がない。

この批判を想定してか、安倍政権は、地域限定で使えるプレミアム付き商品券というものを打ち出してきた。これは単にカネをばらまくのではなく、一部の事業費を補助する形にし、他の地域からの買い物客の流入も促進して、消費を刺激するということである。特定の商店街や地域で使える一万二千円分の商品券を一万円で売り出し、たとえば、その二千円分の差額を国費で補助するという具合である。これなら、二千円ばらまいただけでなく、一万二千円分の消費効果がある、と主張したいらしい。

ここでは、ばらまいたカネ以上に消費を喚起するというところがポイントで、眠っている貯蓄を消費させれば、景気が良くなり、経済にプラスだ、という考え方が前提になっている。これは、現政権だけでなく、ほとんどすべての人が持っている観念である。

しかし、誤りである。

なぜなら、消費を刺激することは、現在の日本経済にはマイナスだからである。

こんなことを言ったら、ほとんどすべての人からおまえこそ間違っていると言われるだろう。景気刺激策と言えば消費喚起、貯蓄は罪、経済のためには無駄遣いしてもとにかく消費しないといけない、消費こそが経済のすべて、というような風潮がある。だから、消費刺激が経済にマイナスなどあり得ないと思われるかもしれない。

しかし、私は、奇をてらって言っているわけではない。私の独りよがりでもない。どんな経済学の教科書にも、きちんと書いてあることである。

すなわち、貯蓄のしすぎは過剰貯蓄であり、長期の安定的な消費水準は下がる。一方、過剰に消費してしまうと、貯蓄不足が投資不足をもたらし、資本蓄積が不十分で、長期の経済成長率が低下し縮小均衡に陥ることになる。これは、マクロ経済における最適成長の経路として、必ず出てくる話である。

実際、アジアの高成長は高い貯蓄率によるものだというのがいまだに定説で、一九六〇年代までは、日本がその代表、一九九〇年代以降は、他の東アジアの国々がそのお手本としてとりあげられてきたのである。

つまり、物事には妥当な水準があるということであり、消費も最適な水準にあることがベストであり、消費しすぎも、貯蓄しすぎも、どちらも良くない。それだけのことである。

ただ、肝心なのは、**今や日本は消費不足ではなく、貯蓄不足**だ、ということだ。

先日、内閣府から、二〇一三年度の家計の貯蓄率は、一九五五年以降、統計が利用可能になってから初めてマイナスとなったと発表された。日本経済は、全体で貯蓄を取り崩す経済になったのである。

日本は消費不足ではなく貯蓄不足なのだから、さらに消費を増やせば、貯蓄不足はますます深刻になり、投資不足、資本蓄積不足となり、経済成長率はさらに低下することになる。

実は、**近年の成長率の低下の一因は、消費のしすぎにある**のである。

消費をすれば、今の需要になる。今年のGDPは上がるし、企業の売上げは増える。だから、政策を打ち出す側は、もしかしたら、経済全体にはマイナスであることを承知で、消費を奨励していると疑うこともできる。しかし、実際には、そうではなく、経済理論に対する理解が単に誤っているだけと思われる。

消費は今期の需要になるが、それで終わりであって、次につながらない。将来の経済成長につながらない。将来の経済成長は、投資による資本蓄積によるのである。

投資とは、経済学的には、貯蓄の裏返しであり、貯蓄とは、所得のうち消費されなかった分である。だから、貯蓄を増やし、投資を増やし、資本蓄積を進めるためには、消費は減らさなければならない。消費を増やすことは、経済成長率を低下させるのである。

真の問題は投資・供給力不足

消費至上主義という誤りには、関連した、もう一つの根本的な誤りがある。

それは、好循環至上主義である。

経済は循環だから、無駄遣いでもいいから消費をして、おカネが経済に流れれば、それが誰かの所得になり、その人がまた消費をすれば、また誰かの所得になり、と循環していく。この好循環を生み出すことが、経済にとって最も重要なことであり、経済政策は、これが肝だ。いったん経済がうまく循環し始めれば、永遠に拡大する。これが、持続的な経済成長である——そう思っている人々がいる。これも、根本的な誤謬だ。

消費至上主義と好景気循環至上主義、これら二つの誤謬が相まって、消費刺激による好循環至上主義となっている。だから、とにかく無駄遣いでも消費しなければならない。そう思い込んでいる人々は多い。しかし、繰り返すが、一〇〇%間違いだ。

彼らは、消費をせずに貯蓄してしまうと、そこで流れが止まって、経済が止まってしまう、拡大を止めてしまう、不況になってしまう、と思っている。それは違う。経済はそんな自転車操業のようなものではない。貯蓄されたおカネは眠りはしない。消費が誰かの所得になるように、**貯蓄は誰かの投資になる**のである。

日本経済は完全雇用をほぼ達成し、需要不足ではない。それでも成長率がゼロであるのは、潜在成長率がゼロ程度だからだ。潜在成長率とは、供給力の増加率である。

すなわち、供給力不足が、日本経済の真の問題なのである。

では、この供給力不足はどこから来たのか？　それは、投資を怠ったことによる。

かつて、バブル期に過剰投資をしてしまったため、一九九〇年代以降、人も設備もひたすらリストラを進めてきた。この結果、現在の日本経済は、人的資本も実物資本も、どちらも不足してしまっている。そのために、生産性が落ちて、経済成長できなくなっている。これが日本経済の真の問題だ。

したがって、**消費を政策で刺激することは、意味がないどころか、成長を阻害する**のだ。

前述の消費の循環のようなことは、絶対的に需要の総量が不足しているときには、必要なことである。ケインズが主張したように、大恐慌など、失業率二五％、需要が経済全体で半分に減るというような状況、最近で言えばリーマンショックのような状況、これらの場合には必要だ。需要を増やして、凍りついた経済を循環させることを政策で行うことに意味はある。

しかし、平時、普通の景気循環の中での景気悪化に対しては、危機における財政出動と同じようなイメージで政策を大盤振る舞いすれば、経済には大きなマイナスとなる。

とにかく消費させて、カネをぐるぐる回して景気づける、というのが景気対策、経済対策であり、これが政策として常に必要だと思っている人々が多いが、これは、まさに一〇〇年に一度の危機的な需要不足のときだけの問題であり、しかも、凍りついているような場合に限られる。単に景気循環で好況から不況期に落ち込んだ時期には、少し需要を均すために、金融緩和を少しするのが通常であり、妥当である。

しかし、今の日本経済はどちらでもない。危機でもなく、不況でもない。現在は、平常時であり、また、普通の景気循環としても、ほぼ完全雇用であり、景気は良い状態だ。現状で、需要が足りない、あるいは景気が悪いと感じるようであれば、それは景気循環ではなく、経済そのものの力が落ちていることから来ている。

供給力不足が原因であり、柔軟で、現在に適した人的資本や設備が足りず、世の中のニーズに合ったモノやサービスが生み出せなくなっていることが、成長力低下の原因だ。このとき、消費を刺激すれば、貯蓄が減り、投資が減り、成長力はますます低下する。成長率低下スパイラルに陥ってしまう。

供給力不足とは、牛丼チェーンのバイトが足りない、というような量的な問題だけではない。むしろ、量よりも質が重要だ。きちんと店を回せる店長が不足していることが問題なのだ。

量的な問題は価格調整である程度解決できる。誰でも良ければ、カネを払えば人は雇える。同じ業態であれば同じように人手不足になっているわけではない。働き手に評判の悪い企業は、金を払っても人が集まらず、きちんとしている企業は、業態が同じでも、人手不足で店を閉めることはない。それは、店を回せる人材をきちんと手間暇（と愛情も）かけて育てているからだ。人が定着するかどうかが問題なのであり、これも量よりも質が重要であることの一例だ。

このように、**日本経済に必要なのは、需要でもなく、単なる物量の供給力でもなく、供給の質、すなわち、人的投資と実物投資だ。**丁寧に人を育て、質の高い設備投資をすることが必要なのである。これは、あとの章で詳述する。

高度成長回帰という時代錯誤

設備投資についても、とにかく設備投資減税をして、投資させればいいのではない。実は、設備投資を刺激して景気を良くするという戦略は、高度成長期の景気対策としてはべストだったが、現在の日本経済には当てはまらない。なぜなら、この設備投資による景気対策戦略とは、設備投資を需要として活かすことに力点があるからだ。

つまり、本質的には、供給力対策ではなく需要の量を増やす対策なので、質の高い供給力が何よりも必要な日本経済の現状には合わない。経済構造も一九六〇年代とは大きく異なっているから効果がなく、むしろ害悪となる可能性がある。

高度成長期は、長期の好循環が起きた。投資が投資を呼ぶと言われた。つまり、基本的に資本蓄積不足であるから、高水準の貯蓄を元に設備投資が行われた。これで供給力を増加させつつ、この設備投資は他の企業の需要となった。

当時は、儲かるプロジェクトがいくらでもあり、投資さえすれば、そのチャンスをつかむことができ、投資は貯蓄さえあれば可能だった。したがって、家計が貯蓄に励み、企業がそれを銀行から借り入れて投資し、その利益が企業と働き手に利益と賃金として分配され、企業はさらに投資をし、家計は消費を増やしつつも、さらに貯蓄に励んだ。

このなかで、設備投資は需要となり、同時に供給力となるから需要と供給力は、バランスを保ちつつ、両サイドで増大していった。これが、需要と供給の好循環であり、その中での投資がきっかけとなって、投資が投資を呼ぶ展開になり、高度成長という、高成長の持続が実現したのである。

この右上がり成長の長期継続的な好循環の中で一時的に不況に陥った場合には、需要を増やすことが必要、そこで設備投資を刺激することが絶好の需要対策となる。なぜなら、設備投資すれば、それは需要となると同時に、好況期に戻ったときに貴重な生産力になるからだ。需要サイドと供給サイドを同時に引き上げることができる。だから、設備投資は素晴らしかったのだ。

しかし、これは、高度成長期に限った現象である。つまり、一時的に不況で需要不足であるが、長期的には供給力不足であり、不況を脱すれば右上がりの成長が待っている経済に限った現象なのである。

そのような活力がある経済においては、不況にとどまっているのは、いわばビジネスチャンスを逃すことであり、人間で言えば中高校生の成長期に、睡眠を削って成長を十分に享受できなくなるようなものだ。だから、とにかく不況を素早く脱する必要があった。それゆえ、景気対策は何よりも重要であったのである。これが成長軌道に戻るということであった。

まだ、この当時の幻影があるのか、「成長軌道に戻す」という言葉をアベノミクス推進者は使うが、そもそも二一世紀の日本経済においては、もはや成長軌道は存在しない。一九六〇年代の日本や二〇〇三年までの中国などの持続的な高成長期にしか存在しない高度成長期のメカニズムを、現在の日本で目指しているところが根本的に間違っているのだ。

設備投資が万能でないのは、需要が持続的に拡大する局面である右上がり経済ではないので、設備投資は現在の需要にはなるが、必ずしも明日の供給力として有用とは限らないからである。

一九六〇年代と違うのは、確実に需要が量的に拡大しないことと、二一世紀の世界は変化が激しく、今年売れるものが来年売れるとは限らず、同時に、今期、有用な設備が来期も有用で効率的とは限らないことである。

したがって、一九六〇年代に比べて、今日の設備投資が明日の経済に適合的でない可能性が高い。量的な不確実性も質的な不確実性も高く、二重の意味で無駄な設備になり、実際のニーズと合わない、単なる過剰設備になってしまう可能性が高いのである。

　現在の経済は複雑で多様性に富み、変化も激しい。市場も世界に広がり、それは世界の各地域のローカル特性を持った市場である。力任せに効率よく安いモノをつくれば売れるわけではない。

　このようなときに、今日の需要のために、何でもいいからとにかく設備投資をしておけ、という考え方で設備を増やすと、明日以降の過剰設備、不況の原因となるのだ。

　その設備にこだわる企業は、売れないものをつくり続けて赤字を拡大するし、その設備に習熟した労働者は使えない労働者になってしまう。


右上がりの単純に規模が拡大する経済において成立した設備投資モデルは現在の経済には合わない。これゆえ、設備投資信奉者、そして成長軌道回帰願望者は、いまだに一九六〇年代の世界を夢見て、誤った景気刺激政策を行い、日本経済の成長を阻害することになってしまうのだ。

「貯蓄から投資へ」キャンペーンのインチキ

「貯蓄が投資に回らないのが問題だ、貯蓄から投資へ」というかけ声、あるいは呪文もよく聞くが、これも、経済学の教科書を読めばすぐわかる誤りだ。

所得のうち消費しない分が貯蓄であり、その**貯蓄は、経済全体では必ず投資として使われる。**貯蓄＝投資なのだ。

貯蓄から投資へ、というかけ声は、銀行預金から株式投資へ、ということにすぎず、株価つり上げキャンペーンにすぎない。

証券会社が確信犯的に、このかけ声を信奉するのはわかるが、日本人は貯蓄ばかりで投資しないから経済が成長しない、という発言をするエコノミストがいれば、経済がわかっていないか、インチキかのどちらかだ。

本当の問題は、**貯蓄としての銀行預金が有効に活用されているかどうか**だ。

タンス預金が悪い、銀行がリスクをとらないのが悪いと言われるが、それならカネを使え、というのは間違いで、きちんとカネを有効活用せよ、と言わなければならない。

　貯蓄が投資となるためには、タンス預金は良くないが、実は、タンス預金をしてくれれば、日銀はその分、国債などの資産を買い入れる余力が高まるので、広い意味で言えば、有効活用される可能性はある。

　つまり、日銀が国債などを買い入れるときにも、対価を払わないといけない。間接的には現金を発行した分を対価としてもいいのだが、その場合は、人々が永遠に現金を持ち続けてくれないと、日銀の資金繰りは行き詰まるか、あるいは引き取り手のない現金が世の中にあふれてしまう。後者がハイパーインフレーションだ。

　結局、タンス預金にせよ、銀行預金にせよ、日銀を含む銀行が、貯蓄されたおカネを有効活用するかどうかにかかっている。


　銀行はリスクをとらず、国債ばっかり買って無駄に使っている、だから、銀行預金よりも株式投資を個人がして、資金を有効活用せよ、という議論もあるわけだが、この議論も適切ではない。

　政府が国債などを大量発行して借金を一〇〇〇兆円もしているから、銀行預金が国債に回らざるを得ないのである。銀行や生命保険会社が国債投資を止めたら、それこそ、日本の金融市場は崩壊し、経済は危機に陥る。

政府が借り入れた一〇〇〇兆円を意味のある将来への投資に回し、経済の供給力としてくれれば、経済も成長したはずなのである。だが、この一〇〇〇兆円を、政府は、将来へ向けての供給力となる投資に使わず、ほとんどが無駄な政府支出として浪費してしまったり、あるいは年金支出など意味のあるものだったとしても、要は、消費してしまっているのである。

この結果、資本が日本経済に残っていないのである。だから、成長できないのだ。

この一〇〇〇兆円が国内の有効な実物投資となっていれば、あるいは人への投資として人的資本が蓄積されていれば、日本経済の成長力は驚くほど高かっただろう。

国債については、銀行が国債を買うのは国内に投資需要がないからだ、という議論もある。が、そうだとしても、日本国債のように将来の供給力を生まない投資をするよりは、収益のあがる海外に投資したほうがましだったし、そうするべきだった。

海外投資では国内雇用に結びつかないと言うが（海外赴任や国内の本社の雇用が増える

という場合もあるが）、それでも、投資がうまくいけば、将来の所得になるのであり、元本とリターンが返ってくるから、本当に将来、需要不足になったときの消費の源泉となる所得となる。リターンが得られる限り、それは金融投資であっても価値があり、将来の経済を支える意味のある投資である。

この観点から言うと、一〇〇〇兆円は国民の借金ではなく資産であり、日本内部での借金だから政府の負債一〇〇〇兆円は何の問題もない、という議論は明らかに誤りである。どんな経済取引でも、負債の裏には債権者が必ずいる。バランスがとれているはずである。問題は、貸したカネが意味のある投資となり、その収益によって貸したカネが返ってくるかどうかだ。

おカネを借りて、それをまともな資産として蓄積せず、また収益を生む投資もしない。何も生み出さず、ただ使ってしまったとすれば、借り手には借金しか残らない。返そうと思っても返すモノがない。政府の場合も、いざ一〇〇〇兆円返せ、と我々が言ってみても、政府は税金で新たに国民から奪わないことには払えない。

一〇〇〇兆円をなんらかの資産として残していないのであれば、一〇〇〇兆円は資産の裏付けのない借金でしかなく、国民にとっては不良資産であり、現時点ですでに政府は債務超過、実質破綻しているのである。

これは大きな問題である。本来であれば、一〇〇〇兆円を増税なしに返せなくてはいけないはずだ。あるいは、一〇〇〇兆円分の有効な実物資産が残っており、それが経済成長を生み出していなくてはいけないはずだ。

一〇〇〇兆円を返す必要がない、という議論もあるが、返す返さないの問題ではない。その一〇〇〇兆円を有効に使ったか、経済にプラスをもたらす投資を行ったか、ということが重要なのだ。

一〇〇〇兆円を民間投資していれば、高い経済成長が実現したはずだし、海外に投資をして収益をあげれば、対外資産が増大し、将来、所得収支として日本に環流し、労働力が減少し勤労稼得所得が減少した経済において、貴重な収入源となり、消費を支えたであろう。

政府の消費、投資、カネの使い方の非効率性は誰もが認めるところだから、政府に一〇〇〇兆円貸すよりは、付加価値を生み出し、元本を利子とともに返してくれる民間経済主体が有効活用するべきだった。一〇〇〇兆円の消費により、日本の経済成長は失われたのである。

経済の本質を誤解しているアベノミクス

本章の議論をまとめてみよう。アベノミクスの誤り、そして多くの人が陥っている誤りを正すと次のようになる。

第一に、日本経済は需要不足ではなく、供給力不足である。

第二に、供給力不足と言っても、単純に移民や女性投入（女性活用という言葉を、輝ける女性に代えたところで、彼らの狙いは労働力の頭数を増やすことに変わりはない）などで労働力を増やすことや単に設備投資をすることによっては解決できず、質の高い労働力とニーズに合った実物資本、そして、将来にわたってニーズをつかみ続けるような柔軟な研究開発能力が必要だ。

第三に、消費を無理に増やすことは、百害あって一利なしである。需要が足りているなかでは、単なる無駄なインフレが起きるだけであり、景気の過熱はロスとなる。

さらに、消費を増やすということは貯蓄を減らすことである。貯蓄が減るということは、貯蓄が元になる、つまり貯蓄の裏返しである投資が減るということであり、投資が減るということは、日本経済の将来への生産力、供給力が落ちることである。そして、これこそ、日本経済が陥っている成長力不足をさらに深刻化させた原因である。

したがって、とにかく消費を刺激して、カネをぐるぐる回し、カネ回りを良くして経済を活気づけるという考え方は根本的に間違っている。トリクルダウン、すなわち、お金持ちが無駄にカネを使えば、庶民も潤う、という議論は誤りである。それは、投資の機会がなくなり、供給力と成長力が失われることである。

国内で投資ができないとしても、海外に投資するなどして、現在よりも経済全体の消費が減り、需要不足になると思われる将来に、必要な資産、食いつぶすだけの資産をとっておいたほうが日本経済においては有益なこととなる。

このように、アベノミクスは、根本的な経済のとらえ方、経済政策についての考え方が誤っているので、今年の景気を刺激することはできても、持続的な成長をもたらすことは決してできない。それどころか、成長機会を殺しているのであり、中長期的には経済の活力が失われていくことになる。

供給力の質を高める人的資本、実物資本への丁寧な投資こそが日本経済には必要なのである。

第六章
日本経済の真の問題

この二〇年間の低迷は、日本経済の低迷ではない。

日本の経済政策の低迷だったのだ。

失われていた「政策ヴィジョンの構造改革」。

これが、今、必要なことである。

マクロ経済政策偏重からの脱却、景気対策からの脱却、国全体での成長戦略からの脱却である。

デフレ脱却は重要ではない。

＊＊＊

今の日本経済の問題とは何か？　そもそも、この認識を皆、誤っている。

景気が悪いのではない。景気循環は順調だ。過熱しているくらいだ。だから、景気刺激策はまったく必要ない。それどころか、マイナスの影響がある。日本経済に必要な成長力を奪うからだ。

景気が悪いのではなく、潜在成長力という日本経済の実力が落ちているのだ。

これを回復するためには、短期的な景気刺激策をとることは無駄であるだけでなく、害なのだ。前章までの議論を含め、その理由をもう一度まとめておこう。

短期的景気刺激策の三つの罪

第一に、必要な財源を無駄なものに使い、成長力を上げるための財源がなくなる。

第二に、景気刺激策をとること自体が成長を阻害することになる。

なぜなら、新しい企業の誕生を妨げ、若い労働力が将来への自己投資として勉強になる成長機会となる、先のある仕事に就けなくなるからだ。景気刺激策は、既存の経済構造を固定することになり、新しい経済構造の誕生、経済自体が自律的に持つ柔軟な環境変化対応能力を阻害することになる。

つまり、景気対策とは、ある種の既得権益を守ることなのだ。

第三に、本質的な問題から人々の目をそらせることになる。

これで経済はひと安心と誤解する。景気が少し良くなり、見せかけの安息を得て、そこで経済の変化への対応を止めてしまう。環境変化への対応を止め、同じやり方にとどまり安心し、思考停止になる。

頑張らないわけではない。むしろ、思考停止して、これまでと同じ場所で、同じことをひたすら繰り返し、環境には目をつぶって、遮二無二、死ぬほど努力する。

それは、本当にもったいない。頑張るなら、未来のある努力のほうが誰にとっても望ましい。

死ぬ気で頑張って、うまくいかなければ、環境が悪い、環境が悪くなるのを放置した政策が悪いことになる。即効性のある麻薬を求め、政策サイドもこれに応えようとし、ひたすら景気対策が繰り返される。そして、効率の悪い場所にとどまったまま、全力で努力しながら、過労死を迎えることになる。それではだめなのだ。

GDP増加は成長ではない

必要なのは、政策に頼らない経済と、政策に頼らない人々の姿勢をつくるための政策である。そのためには、景気対策は止める必要がある。景気循環への対応は、金融政策による微調整に限定する必要がある。

では、何をするか？

成長力を上げること、長期的な日本経済の実力をつけることだ。

しかし、それは量的な拡大ではない。まず、GDP増加率を成長の指標として使うことを止めることが必要だ。

GDPの増大は成長ではない。単なる膨張だ。人口が増えれば自然に増える。だから、成長戦略に人口政策が入っているが、それは誤りだ。**人口増加は経済のためではなく、社会のためである。**社会としての必要性の有無で考えるべきだ。

低賃金労働力の不足による経済規模の縮小を防止するために、移民を促進するというのは、経済規模だけを考える誤った政策である。社会として、移民に関する望ましい形を先に考えるべきである。

多様な国籍の人々が集まることが良い社会であるということと、経済規模を維持するために、低賃金労働力のプールとして移民を促すこととは、まったく別の問題だ。

このような混乱した議論を避けるためにも、少なくとも経済成長は、経済全体のGDP規模で考えるのではなく、一人当たり国民所得で考えるべきである。

そうすると、ただ経済の規模を大きくするのではだめで、経済の効率性を高め、経済の高度化を図ることが必要となる。量よりも質となり、真の意味で経済の成長を目指すことになる。

しかし、本当は、一人当たり国民所得で考えることも適切でない。なぜなら、一人当たりになったとはいえ、依然として、国民所得という「量」で考えていて、質を考えていないからである。つまり、一人あたり国民所得とは、所得水準という金額で測った基準であり、本当の意味での経済の成熟度を測っているわけではない。真の豊かな生活を表しているわけではないからだ。

日本の一人当たり国民所得を上げるためには、都道府県別一人当たり県民所得がダントツに高い東京を、全国で見習えばいいのか？

明らかにそうではない。第一に、それは不可能であり、第二に、それより重要なことに、それは国民を幸福にしない。国土が全部東京になれば、日本中の生活コスト、社会コストが東京並みに上がるということだ。とんでもなく住みにくい国になってしまう。

これは数字に表れる物価水準だけでない。あらゆる活動が、金銭的尺度あるいは価値で測られる大都市に比べ、普通の街、市町村では、金銭に表れない豊かさがある。東京などの大都市での生活は、この豊かさを犠牲にして、その分、しかたなく、高い給与を得て、ごまかしているのだ。

米国ビジネススクールのランキングが示すもの

こんなことを言うと、資本主義否定論者かと言われそうだが、そんな批判を受けるのは、日本だけだ。米国では、就職のとき、必ずこれを考える。カネをとるか、パートナーと一緒に暮らせる街を選ぶか。学者の就職も医者や弁護士の就職もこれがキーになり、採用側は、二人でのセット採用に対する交渉を当然のように行う。

米国のビジネススクールのランキングには、日本にはない重要な指標があって、それは、入学前の年収から卒業後の年収のアップ率というものだ。ここで重要なのは、そこでは、生活費調整がなされていて、ニューヨークの学校は卒業後の年収は断然高いのだが、生活コストも断然高く、実質で見るとあまりランクが高くならないということをランキングの中で明示していることだ。

金融業界やコンサルティング業界などへの就職でも、まず、ニューヨークにするかどうかを考える。ニューヨークが大好きな人もいるから、そういう人はニューヨークを選ぶのだが、多数派は、我慢してニューヨークに住んで高い給料をもらうか、他の街で、充実した生活を送るか、この選択から入る。間をとって、ニューヨーク郊外から、やや長距離の電車通勤を選ぶ人もいる。

これらは、最も所得が高い人、仕事に恵まれた人の話であるが、だから全体には当てはまらないのではない。最も仕事に恵まれた人こそがニューヨークを選ばない、というところがポイントなのだ。

東京で働くことも、ニューヨークと同じであり、つまり、東京で働くのは、遅れていて、ダサいのであり、東京以外で働けないからしかたなく働くのである。

実は、日本でも、米国と同じ状況にすでになっている。二〇代の子供のいる夫婦に多いのだが、東京を避けて、環境の豊かな地方に移住することを望む人が増えており、少しずつ実現もしてきている。

これは、住環境、子育て、教育環境を考えれば、当然の結果とも言える。生活環境の豊かさは計り知れない。コンビニがなくて困る、のではなく、コンビニで食事をすまさずにすむ、のである。食生活は質的に次元が違う。コストも圧倒的に低い。住環境も、違いすぎて比べようがないが、東京で木を見つけて喜ぶのとは異次元である。自然を探すのではなく、自然の中に住んでいるのだから、当然だ。まさに異次元である。公園も庭もいらない。自然がすべてを提供してくれる。

指標を目標とする本末転倒

地方の魅力は別に議論することにして、東京と地方の比較で浮かび上がってきたのは、経済的な成長、豊かな経済・社会的生活の度合いを測るためには、一人当たりＧＤＰや国民所得では足りない、という事実だ。**ＧＤＰ依存症から脱却する必要がある。**

ＧＤＰを使わないとなると、問題となるのは、では代わりに何を指標にするかということだ。

成長ではなく成熟を目指すとすると、成長の代わりに経済と社会の成熟度を表す指標は何になるのか？

その指標はない。そして、これが最大の問題だと思われている。

これまで、成熟経済を目指すというヴィジョン自体は多くの人が心に抱いてきた。しかし、それが現実に提言されなかったのは、指標が見つからなかったからだ。**指標がないことにより、ＧＤＰ膨張派に打ちのめされてきた。**

指標で測れない？　それでは目標にならない。もちろん、経済的な豊かさ、金銭的な豊かさだけではないが、成熟の指標がない以上、まず、手元にある指標の達成を目指し、それが達成されたら、各自、豊かさを追えばいいのだ、だから、国家の目標、政策目標はGDP成長率しかない――このような議論に負けてきた。

しかし、この議論は誤りだ。

第一に、指標がないから目標を変える。これは本末転倒だ。手段の目的化けだ。指標がないのは問題点であるが、それは目的を変更する理由にならない。目的へ進むのに、有力な道具が一つ足りないだけであって、道具のそろっていることに、つまり道具に合わせて目的を変えるのは意味がない。そして間違っている。

第二に、とりあえず数値目標を達成してから、ということも間違っている。なぜなら、目的でない目標の達成を目指せば、行動は歪み、目的が達成できなくなるからだ。

マルチタスクという概念が経済学にはある。これは、複数の仕事があって、一つは測れる目標があるもの、もう一つはないものがあったときに、測れる目標にだけインセンティブをつけると、もう一つの仕事が疎かになってしまうということだ。

これについては米国マクドナルドのボーナスの設計の事例が有名で、売上げや利益に連動したボーナスを与えると、店長は後輩の指導や店の清掃やブランドイメージの管理を怠り、数値目標の達成だけに邁進し、短期的には売上利益が伸びるが、長期的にはマクドナルドのブランド価値などが落ちて、会社全体にとってマイナスとなる。この問題をどう解決するべきか。こういうケースが現実にあった。

これは、当たり前のことで、たとえば教育でも、点数至上主義、大学進学至上主義が存在すると、それ以外の質的に重要な教育が疎かになってしまう、学校が塾と同じになってしまう。このような例は無数にある。

GDP成長率の問題も同じことだ。GDP至上主義で経済が長期的に悪い構造にはまっても、たとえば財政が悪化しても金融のリスクが高まっても、目に見える短期の明確な指標であるGDP増加率を引き上げるために、財政出動、減税、金融緩和が優先され、目に見えないリスクは先送りされる。これもまったく同じだ。

したがって、質的経済発展、質的経済成熟化を目指すことが適切な目標であれば、数値化された指標がなかったとしても、目標を変えずに進んでいくことが重要だ。

指標が手に入るＧＤＰを手頃な目標として設定してはいけない。成熟経済の指標がないのであれば、正確ではなくとも可能な範囲で指標をつくるか、それが難しければ数量的な指標なしに進んでいくしかない。

成熟経済の場合には、後者になるだろう。なぜなら、質の豊かさ、成熟した豊かさは主観であり、個々の価値観によるものだからだ。客観的な指標をつくることはそもそもそぐわないからだ。さらに言えば、客観的指標を設定し、それを国家的な目標とするという発想自体が成熟経済にはふさわしくない。

一方、マクロ経済政策は、ＧＤＰ成長率という数値目標ではなく、何を指針にすればよいか？

もちろん、景気循環は見る必要がある。経済の動向を把握する必要はある。しかし、社会としては、まず**失業率の低下への対策が最優先される**であろう。

仕事がある。これが何よりも重要である。失業はなんとしても避けるべきものだ。

賃金水準も重要だが、それも失業の関連としてとらえるべきだ。たとえば、見かけの失業率は低いが、多くの人が労働条件に関して不本意であり、とりわけ賃金水準についての不満が広がっているとすれば、実質的な雇用問題は、見かけの失業率を超えて、根深く大きな問題となっていると、とらえる。潜在的な失業とも考えられる。だから、失業の減少、幅広くとらえれば、雇用が最大の目標となる。

ただ、現実的には、GDPの数値が指標として存在する以上、成熟経済社会においても、GDPの数値も参考にしながら、経済の規模とその他の成熟的な豊かさのバランスを計っていくことになろう。このときGDPはあくまで、参考指標であり、質的豊かさ、という言葉の下で、経済が崩れていることがないかどうかチェックするべきものとなろう。

結論：政策ヴィジョンの構造改革

では、「質的な豊かさ」はどのように追求するのか。「成熟社会」をどのように追求するのか。

すべては各個人と各地域である。個人の成熟と地域社会の成熟が基盤となって、日本経済全体の健全な成熟が実現するのである。

経済は、個人の総和である。日本は、各地域の総和である。したがって、これら個々の力を高めることを支える役割を政府は果たすことに集中する。これが、唯一の長期的経済成長戦略であり、我々の言葉で言えば、成熟経済のヴィジョンである。

成熟社会においては、個人の価値観、各地域のあり方は、多様になる。だから、マクロ経済政策を日本全体に押し付けることは意味がない。マクロ経済政策は環境整備に尽きる。安定した経済環境を維持することに尽きる。安定した物価、為替、金利。それで十分だ。

また、成熟経済においては、日本全体の経済を動かすマクロ経済政策は脇役になる。それと同時に、トップダウンの手法も通用しなくなる。国レベルでヴィジョンを決め、日本全体がそれに向かって突き進む、というスタイルは高度成長期までだ。それぞれの地域は、それぞれの道を歩むから、**国全体での方針、計画はいらない。邪魔である。**

このことは、高度成長が終わり、二度のオイルショックを乗り切った一九八〇年代前半にはすでに明らかになっていた。その後、バブルとなり、問題は見えなくなり、また、一九八五年以降は円高対応だけに関心が集中し、この結果、日本の社会経済構造の変化、および、それに対応した経済政策の考え方への移行が忘れられてきたのだ。

一九九二年以降の経済の低迷、失われた二〇年と言われる日本経済において、最も**致命的に失われていたものは、政策ヴィジョンの構造改革**だったのだ。

失われていた「政策ヴィジョンの構造改革」。これが、今、必要なことである。

まず、過去を捨てないといけない。

マクロ経済政策偏重からの脱却、景気対策からの脱却、国全体での成長戦略からの脱却である。デフレ脱却は重要ではない。

この二〇年間の低迷は、日本経済の低迷ではなく、日本の経済政策の低迷だったのだ。

一九九七年以降の金融危機対応、二〇〇一年以降の日銀の金融政策においては、まさに危機対応であり、政策は大きな意味を持った。しかし、それ以外については、経済政策は死んでいた。

何のヴィジョンも思想もないまま、焼け石に水のような景気対策だけを繰り返し、借金を急増させていった。日本の資産である貴重な金融資産は、成長を生み出さない政府の財政支出に注ぎ込まれた。これが、新しい経済構造への革新を阻害した。

その結果、もともと低成長化が進んでいた日本経済の成長力をさらに低下させた。

その中でデフレマインドと呼ばれるものが生まれた。

デフレマインドとは、将来の物価下落に対する不安ではなく、将来の所得、雇用環境への不安であった。この結果、消費は抑制され、将来の社会保障への不安から、高齢者は必要以上の貯蓄に走った。将来所得、将来雇用の不安は、将来の政府への不安、政策への不安、不信により、増殖していった。

一方、**政策サイドは、この不安から生じる経済の停滞に対し、景気対策という、一見、その場しのぎ、実はその場しのぎにもなっていない、無関係なもので応じた**。これが、ますます政府不信、経済政策不信を増長させた。将来への悲観マインドは高まった。

これが失われた二〇年の構造である。

日本経済は、バブル崩壊による金融危機というどん底からの回復プロセスにあり、同時に、高度成長期の経済モデル、ビジネスモデルからの脱却を模索するプロセスにあった。これが、結果として、二〇年間の経済の停滞の主な要因となった。

しかし、この回復プロセスに二〇年もかかったのは、経済政策の構造変化が行われなかったからである。

金融危機からの回復には成功したが、副作用として、金融危機脱却後、円安、株高が何よりも必要であると信じ、その実現を政府の政策に依存するという、堕落した体質となってしまった。

経済政策の思想としても「日本経済は需要不足であり、景気を刺激し、消費を促すことが何よりも必要である」という一九六〇年代の思想から一歩も変化できなかった。古い景気対策を継承し、さらに拡大して、繰り返し行うこととなった。堕落しただけでなく、堕落する方向も一八〇度誤っていたのである。

この結果、日本経済の潜在成長力は大幅に低下した。そして、実際のＧＤＰ成長率も低

交易条件の悪化とは、同じ原油をより高い値段で買わされることで、貿易を物々交換と考えれば、同じ量の原油を買うために、これまでは車を一台外国に渡していたのを、今後は二台渡さないといけなくなる。同量の原油は買わないといけないのでそれ以外のモノへの支出を減らすことになり、実質的な可処分所得が減り、貧しくなる。

しかし、**円安による最大の悪影響は、国富が減少すること**だ。

近年、中国が日本を経済規模で抜き、日本は米国に次ぐ世界第二の経済大国から第三位に転落したことは大きな話題となったが、円安誘導は、意図的に日本経済の世界に占める割合を低下させる。国民一人一人にも大きな影響がある。

二〇一二年の一人当たりGDPは、市場レートによるドル換算では、日本は世界第一五位の高所得国であったが、一ドル八〇円から一二〇円に変えて試算すると、二八位に転落する。ほぼ韓国に追いつかれるような水準まで落ち込む。イギリス、ニュージーランド、イタリア、イスラエルには完全に抜かれる。

実際の経済を見れば、これらの国よりも日本の所得のほうが低いというのは信じられないことであるが、数字上は、円安の影響でそうなってしまうのである。

経済全体も同じ話である。一六〇〇兆円の個人金融資産は、二〇兆ドルから一三兆ドルに激減した。日本経済の規模は、フローで見てもストックで見ても、四割減少したのである。四割の国富が失われたに等しいのだ。

毎年の所得の減少も大きいが、何よりも衝撃が大きいのは、積み上げてきた資産の価値消失である。これまで努力して積み重ねてきたものが、意図的に四〇%目減りさせられたのである。国富が意図的な経済政策により吹き飛んでしまった。戦後七〇年の努力が意図的に消されてしまったのである。

だから、我々はこれを修正しなければならない。

円安を止める。

これがアベノミクスの代案の最重要課題だ。

やるべきことは、円安を止めること。国債市場を崩壊させないこと。財政ファイナンスから脱却すること。この過程で、経済を大幅な不況に陥れないこと。金融政策の転換に圧力がかかり、途中で転換が中止されてしまうのを回避すること。

量的緩和を止めることは、インパクトが大きすぎて、できない。量的緩和の開始時点なら、量的緩和を止めるという選択肢はあり得るが、量的緩和が、異次元、超緩和状態になってしまってからでは、直ちに止めることは不可能だ。もう遅い。

たとえれば、崖の上で綱渡りを始めてしまった以上、綱渡りを止めることはできない。なんとか向こう側にたどり着くか、より困難であるが、慎重に後ずさりして戻ってくるかしかない。止めることは、飛び降りることである。

では、超金融緩和状態が進んでいる現在でのベストシナリオ（セカンドベストシナリオ）は何か？

金融緩和は続け、ゼロ金利は維持するが、円安を志向しないことを示すことだ。

そのために、まず、量的緩和の規模の拡大はこれ以上はしない。経済に変化があれば、あらゆる金融緩和は行うが、国債の買い入れ増額はしない。しないとは明言しないが、しない。

インフレターゲット二%は修整できる

同時に、インフレターゲット二%をマイナーチェンジする。微修正をする。まず、原油を除いたベースで考える。次に、輸入品を除いたベースで考える。あくまで、経済政策の指標としてのインフレ率とは、国内の需給バランス、需要の強さを見るものであるから、それ以外の要素によるインフレはプラスのインフレ率であれ、マイナスのインフレ率であれ、考慮しない。

生鮮食料品などを除いたものをコアインフレ率、さらに原油などを除いたものをコアコアインフレ率などと呼ぶが、コアコアコアコアインフレ率で考えるのだ。それは究極的には、賃金上昇率が中心となるインフレ率である。

これは、現在の黒田総裁も、インフレ率二%を達成するには、賃金の上昇が必要だ、インフレ率二%という新しいアンカーをつくるためには、賃金の持続的な上昇が必要だ、と言っている。だから、これまでの政策と一定の整合性もある。

次に、インフレターゲットの目標を二%から一%に下げる。アンカー、あるいは期待インフレ率のフォーカルポイントと呼んでもいいが、すなわち、皆が暗黙に期待する、日本におけるインフレ率の均衡値の予想値のターゲットを、二%から一%に下げる。

インフレ率の指標をコアインフレ率からコアコアコアインフレ率、あるいは、かつて白川前日銀総裁が繰り返し言及した、ユニットレイバーコスト、つまり、**実質の時間当たり賃金をターゲットにし、これを一%とする。**

ユニットレイバーコストは、失業率が高くては上昇が実現しないから、日銀も米国中央銀行のように、実質的に雇用を一つの目標変数にすることになる。

アウェイの金融政策で引き分け脱出を目指す

このような目標設定の下で、短期金利をゼロにし、長期にもそれが波及するようにする。しかし、長期国債を買い支えて直接長期金利を下げる操作は行わない。投機的トレーダーの売り仕掛けで市場価格が乱高下するようであれば、市場を正常化するために買い入れを行うが、直接の金利引き下げは目指さない。

図6　マネーと物価の関係

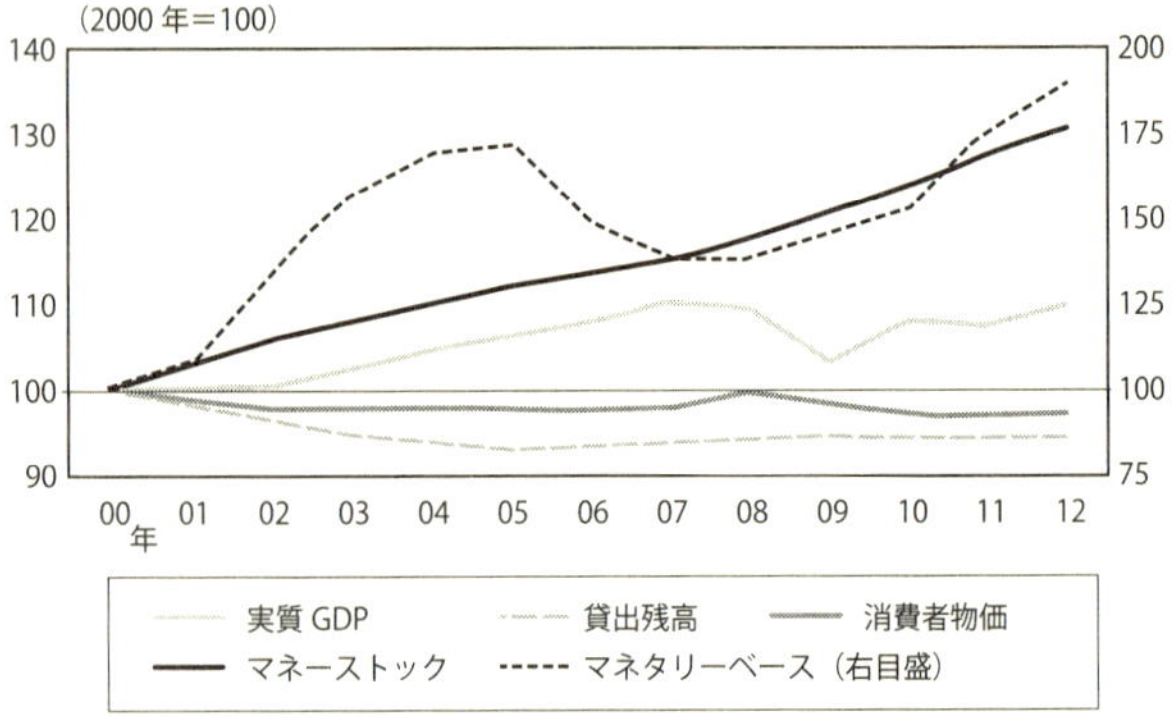

※内閣府、総務省、日本銀行資料、日銀講演資料より作成

同時に、市中銀行の貸し出し金利を引き下げるために、日銀当座預金への付利を止める。現状では、日銀への当座預金に金利を付けることにより、市中の銀行が日銀に当座預金を積み増すことを促し、マネーサプライ（市中に流通している通貨の量）のベースマネー（中央銀行が供給している通貨の量）の増加を実現しているが、これは意味がないので止める。

貸し出し、投資を促進するために、付利を廃止することにより、民間への融資の相対的な優位性を高める。

そして、ベースマネーを増やすという目標は外す。ベースマネーの量とマネーサプライ全体の量は、ゼロ金利政策の下では相関しないから、ベースマネーの量を目標とするような無意味なことは止める。形にこだわらず、市中金利の下落を目指す。

しかし、一方、これは量的緩和を止めるということを意味する。量的緩和のもともとの定義は、ベースマネーを金融政策の操作目標変数とする、ということだ。だから、これは量的緩和を止めることになるわけだ。しかし、かまわない。定義を変えればよい。

実際、米国は量的緩和をしてきたことになっているが、米国中央銀行自身は量的緩和とは言っていない。資産買い入れプログラムであり、中央銀行自身のバランスシートを使ったバランスシートポリシーと呼んでいる。

日銀の現在の金融緩和の効果も、ベースマネー（マネタリーベース）の量、あるいはマネーサプライ（世の中に出回るマネーの量）が増えたことによるものではない。日銀自身が、国債を大量に買い入れていることから来ているのであり、それがすべてだ。

定義上の量的緩和が終わっても、国債買い入れは当面、同じペースで続けるのだから、名前を変える必要はない。

ここで提案している金融政策のエッセンスはこうだ。もはや、異次元緩和を織り込んで、国債市場、株式市場、為替市場は動いている。バブル的な側面もある。ここで、最終ゴールとして望ましいからといって、一気に異次元の超金融緩和を終了するのは望ましくない。これまでの異次元緩和を直接否定するのもよくない。

したがって、これまで大盤振る舞いをしてしまったツケを払うことになるが、いわばサッカーでいうアウェイの戦いで、**負けないように守りきる金融政策**を行う。つまり、実質的な緩和効果は維持しつつ、これまでの政策との整合性も図り、また、断絶のないように、政策変更によるショックのないように行う。

ただし、方向は異次元緩和の出口を見据えないといけない。異次元の緩和、量的・質的緩和から、普通の大幅な金融緩和にまず移行し、その後、大幅な金融緩和の幅の縮小を恐る恐る行うのだ。

山を下りるのは登るよりもはるかに難しい。綱渡りで後ずさりをするのは決死の覚悟だ。しかし、それが難しいからといって、ここまで来たら突っ込むしかない、というのは最悪の選択だ。自爆、討死戦略になってしまう。

市場は、もちろん、これを見透かすだろう。このような金融政策へ移行すれば、当初は、株式市場は暴落し、為替は円高に振れ、国債市場も暴落するだろう。しかし、ここで守るべきは、国債市場だけだ。

株式市場は思惑の値付けが消失するだけだ。バブルだからしかたがない。バブルはいつか崩壊する。ただし、できるだけその悪影響が波及しないように全力を尽くす。金融機関の財務が盤石ならば、それには耐えられる。リーマンショックは、金融機関を潰し、それがシステム崩壊につながったのが問題なのであって、根本原因はバブルを膨らませ放置したことにあるが、バブル崩壊そのものにあるのではない。

そして、為替は円高になる分にはかまわない。円が暴落するのは日本経済の死だが、投機家の思惑が外れて円安が修正されるのであれば、それはむしろ歓迎だ。円高、通貨高は国益、経済にとってプラスであるから、慌てることはない。乱高下は本来避けたいが、これまで、乱暴に急落してきたのだから、ある程度やむを得ない。

また、通貨の市場レートと実際の実体経済の実際の商取引における為替レートの取り決めは異なるから、為替市場が短期的に乱高下しても、トレンドとして一定の方向性が見えれば、実体経済はそれなりに対応できる。

国債暴落防止：二つの基本方針

問題は国債市場だ。日銀の買い支えを縮小する方向を見透かされるから、一気に暴落するだろう。これには、二つの基本方針で臨まないといけない。

第一には、過度の下落には、買い入れで対応するということだ。今は、国債価格が急騰しているにもかかわらず、国債を買いまくっているからおかしいのであって、国債市場が混乱し暴落するときに、それを買い支えるのは、金融システムの維持という中央銀行の政策目的そのものに合致する。もちろん、暴落をわざわざ起こすことはない。もし、暴落したら、その場合は、徹底的に買うということだ。

そのためには、買い入れ額に幅を持たせる。現在は、国債の保有残高を年間八〇兆円増加させるペースという方針だが、この増加ペースを、まず、五〇兆円から八〇兆円という幅を持ったレンジに設定し直す。異次元緩和第一弾の水準と追加緩和の水準の間というレンジ設定に移行するということだ。

そして、買い入れる国債の残存満期の年限は決めない。現在は平均残存期間が七年から一〇年となっているが、現在を五年から一二年に広げる。急落した場合には、満期の長い国債を中心に買い支えるということだ。しかし、暴落が起きなければ、年限はできる限り短い方向に移していく。買い入れにフリーハンドを持たせ、ヘッジファンドなどの投機家の売り仕掛けをやりにくくする。

国債市場には、一つメリットがある。満期だ。株式と違って満期がある。そして、投機的に短期に取引を繰り返すトレーダー以外は、長期の持ちきりの投資家が多い。これが大きなメリットだ。

日銀の買い支えが減ることによる暴落は、単なる需給による暴落だから、政府の財政健全性に疑問が生じたわけではない。したがって、市場での時価、値付けが変わっただけだから、長期保有の投資家は、投資としては含み損を抱えつつも、満期まで持ちきれば、会計上の損失は出ない。政府の破綻さえなければ、金融機関は機会損失（暴落してから買えばよかったという後悔）はあるが、金融機関自身の財務の健全性に疑問は出ない。
政府はこれに協力して、金融機関が保有するすべての日本国債に関して、会計上、時価評価ではなく簿価評価を認める。
これで、なんとか国債の暴落を防ぎつつ、政府の財政再建、国債発行額の減少を待ち続ける。

この政策においては、国債が暴落しても、ハイパーインフレーションにはならない。インフレを起こすのを止める方向なのだから、インフレにはならない。また、政府の財政の健全性の危機による暴落でないから、支払いに対する恐怖が出てくるわけではない。だから、国債市場をコントロールしつつ、必要に応じて買い支えるという戦略でなんとかしのぎきれる可能性がある。

第二の方針は、政府の財政の健全性を示すことだ。消費税率引き上げの延期がきっかけで国債の暴落が始まる可能性があり、それが一番恐れるべきシナリオだ。投資家の、日銀買い支えによる国債価格バブルの思惑が崩壊したのではなく、財務リスクが意識されての暴落では手の打ちようがない。

これを防止するためには、消費税率は引き上げたほうがいいが、いずれにせよ国債発行額をとにかく減らすことが重要だ。増税延期でもかまわないが、その場合は、歳出を毎年五兆円カットする必要がある。公共事業の一時停止（一〇年は補修に限るといった方針）や年金の実質カットの長期的なスキームの提示、および実行が必要となる。

具体的にはどのような手段をとってもかまわない。とにかく、政府の財政支出が減るということを、投資家たちに見せつけなければならない。日本政府の財政再建は誰にも信じられていない。即刻実現したことがほとんどないからだ。

だから、これは、期待だけではだめで、実現する必要がある。足下で実現する必要があるから、その年度から（金融政策の新しいプログラムへの移行と同時に）行う必要がある。

アベノミクスの代案とは異次元緩和からの慎重な途中下車

以上が、危機対応のアウェイ政策だ。書いてみると、実行は困難を極めるが、考え方はシンプルだ。アベノミクスの代案とは、異次元緩和からの慎重な途中下車なのである。あるいは、ブレーキが利かなくなった自動車を少しずつ物理的な摩擦を利用しながら、いろんな障害物に激突しないようにハンドル操作をしながら、ブレーキなしで、自然に減速するようにナビゲイトする、という感じだ。

まさに出口戦略だが、出口が見えないなかで、出口にたどり着くまでにクラッシュしないようにトンネルを抜けるようなプロセスであり、完全にアウェイの戦い、宴のあとの処理をできるだけしなくてすむように、宴の終盤から、地道に準備作業するような感じだ。

薬物依存ならぬ、量的緩和依存からうまく抜け出すには、苦しみもリスクも伴うが、それを避けていては必ず破綻するので、敗戦処理を忍耐強くやるしかないのだ。

だからといって、ショック療法はできない。もう薬物依存になってしまったものを突然何の準備もなしに薬物を抜いたらたいへんなことになる。

安倍氏は「この道しかない」と言い続けたが、言い換えれば、「痛みなしなら、この道しかない」ということだ。

誰も、そんな安直でコストとリスクをすべて先送りにする政策は、普通は提案できないし、する気も起きない。だから、代案がこれまでなかったのだ。
あえて言えば、悪い政策は止める、という代案があるが、前述のように薬物依存から抜けるには慎重な準備が必要である。薬物を始める前なら、いろいろ手段はあったが、依存症になってしまった以上、その状況に応じた事後処理をしなくてはいけないのだ。

ここで、提案したのも、もちろん痛みのある政策であり、国債市場の混乱を伴うだろう。だから、厳密な「痛みのない道」への代案にはならないが、事後処理案としては、薬物依存継続の道に対する代案であり、より望ましい道である。

すべての道には痛みがある。痛みのない道は破綻への道だ。

第八章
真の成長戦略

退屈なアベノミクスの敗戦処理を離れ、少し自由に政策提言をしたい。アベノミクスには含まれていない成長戦略の話をしよう。

＊＊＊

日本経済を成長させるにはどうしたらいいか。

その前提として、これまでの章の議論をまとめよう。

アベノミクスが取り違えているのは、日本は需要不足ではないということだ。景気対策は一切いらない。景気の波を均すことは、パイを拡大することにはならない。今日膨らんだ分のツケを将来払うだけだ。財政出動した分は増税になるのだから、何も増えない。消費税増税を延期しても、あとで上げるのであれば、上げる幅が長期的には大きくなるだけのことだから、単なる先送りだ。

金融緩和と財政出動をセットで行えば、さらに問題は悪化し、財政ファイナンスと思われ、国債市場のリスクがさらに高まる。同時に、政治が中央銀行に国債の処理を短期的に依存し、易きに流れ、放漫財政が助長される。国債市場破綻リスクがさらに高まる。

他方、政策による経済成長力の低下も起きている。短期の景気刺激を行い、目先の需要と仕事を増やすと、長期的な活力と仕事が減少する。だから、景気対策、需要増加政策は、長期的な成長力を減退させるのだ。失われた一五年、デフレに苦しんだ一五年と言っていることの根本的な要因は、目先の景気刺激策をやりすぎたことである。景気対策依存症になってしまったことにある。

量的緩和依存症も同様の現象だが、金融政策は、よりスピード感があり、破壊力もあるため、リスクも極めて高い。日本銀行という専門家集団による政策なので、変更もより困難が伴う。金融市場が相手だけに、変更できる選択肢が限られる。コントロールが難しい。だから、金融緩和によるリフレ政策が最も危険な政策であり、脱出も最も難しい政策だ。

以上のような理解を前提に、どうするか。

景気対策を止めれば成長は始まる

まず、景気対策を止める。公共事業はもちろん止める。歳出削減をさらに進める。社会保障も削減する。その代わり、現状の社会保障を維持するなら三〇％以上とも言われている消費税率の引き上げを一五％までに抑える。歳出を削減し、歳入もそれに見合ったものにする。小さな政府というよりは、「効率的な政府」を目指す。

これが、最大の成長戦略であり、日本の成長力は上がる。

なぜ成長力が上がるのか？

国債市場を縮小することになるからである。これが成長には重要だ。

つまり、過去一五年の政府債務の急増によって、民間にあふれる資金が政府部門という成長を生み出さないところに吸収されてしまい、いわばブラックホールに吸い込まれたように、資金が成長にまったく貢献しなくなっていたことが、成長率が低下していた根本原因だからである。

政府は成長戦略ができない。これは現政権だけでなく、今まで誰もできなかった。政府にはできないのである。だから、**資金を民間セクターに取り戻す。**これが最大の成長戦略だ。

需要依存が染みついている頭脳を持った人々は、民間に需要がないから政府が、と言う。しかし、無駄使いは最悪だ。無駄に使うぐらいなら、使わずにとっておくほうがまだましなのだ。将来使える。

第五章で述べたように、多くの人は、消費をとにかく刺激しないといけない、貯金を取り崩させ、消費させて景気を良くしないといけない、という誤謬に陥っている。とんでもない。今、この金融資産を消費してしまったら、将来、使うカネがなくなる。今の経済よりもはるかに縮小した二〇年後の経済は消費したくてもカネがなくなってしまっているはずだ。そのときまでに消費の原資をつくっておく必要がある。

そのために、消費したくないものを無理に消費するのではなく、投資する。日本に投資先がなければ、海外に投資すればいい。需要依存の人々はそれでは需要にならないというが、所得にはなる。

きちんと投資すれば、所得になり、国民所得は増える。これが一番重要なのだ。パイを増やしたいなら、無駄遣いをするのではなく、賢く投資をして稼ぐ。

もちろん、この場合、円高のほうがいい。いろんな投資が海外でできる。収益で原油でも何でも買ったらいい。投資額も増えるし、収益で買う原油も安くなっている。所得が余る。その分、国内で別のものに使える金が増える。所得税収増加により、消費税の引き上げ幅が小さくてすむ。

所得税が増えて消費税がいらなくなる、と書いたほうがインパクトも文章の流れもいいが、そんなことはしない。ここでは、ポピュリズム政策は議論しない。現実的な政策だけを議論する。

将来我々は所得の低下に苦しむ。そのときこそ、資産を食いつぶすのだ。今ではない。

銀行に預けていてはカネが死んでいる、と言うが、それは間違いだ。銀行が国債で保有しているから死んでいるだけのことだ。国内に融資ができなければ、海外に投資をする。それだけのことでカネは生きてくる。

貯蓄から投資へ、ということを言う人は経済をわかっていない。貯蓄は投資資金だから、貯蓄がなければ、投資は生まれない。貯蓄の裏が投資なのだ。消費してしまったら投資は減る。デフレという言葉の意味を、「物価の下落」ではなく、「雰囲気の悪さ」、「経済の停滞」に勝手に置き換えているのと同じぐらいの間違いだ。

銀行が国債を買わず、有効な資金運用をすれば、それは投資として生きてくる。

だから**成長戦略は、国債を減らし、資金を活かすこと**なのだ。これにより、成長が生まれる。将来の消費の資金が残る。

現金や価値のある資産を相続できなければ、将来の世代は消費できない。金融資産ではなく、良い経済を残すことのほうが重要だというのは、まさにその通りであって、そのためには、今、消費してはいけない。

投資が必要で、実物投資ができなければ、金融資産への投資のほうが消費よりは断然ましだ。なぜなら、消費すれば、なくなってしまうが、金融資産へ投資すれば、収益とともに、将来、投資も消費もできるからだ。

日本に必要なのは、貯蓄より投資ではなく、消費より投資だ。

消費が足りないのではなく、投資戦略が足りないのだ。

資金をうまく活用できていないのが問題なのだ。

そして、資金の投資効率を最も落としているのが、国債だ。政府の借金だ。何も生まずに、何も残さずに、ただ消費して、資産を食いつぶしている。

だから、政府支出を減らし、国債を減らし、増税を最小限に抑えるのが正しい戦略なのだ。消費税率引き上げを延期するならば、歳出は削減しなければならない。それは、財務省的な目先の財政のつじつま合わせではなく、政府部門の効率化を行うためであり、資金を民間に回すためであり、だから、成長戦略なのだ。

真の成長戦略の話をしよう。すなわち人を育てることだ

ここまで、アベノミクスの対極としての成長戦略を述べた。

実は、この戦略は、前章の金融政策の事後処理政策とつながっている。すなわち、この二つの戦略は、量的緩和依存、景気対策依存から抜け出す政策であり、戦略だ。これこそが、日本経済が真に成長する道である。

金融政策は、難しいリスク管理となる綱渡りの、破綻前の破綻可能性処理政策であり、景気対策依存からの脱却は、政府の縮小つまり民間資金の政府部門からの解放による投資による成長戦略だ。

これらは、国債市場、国債残高の縮小ということで共通する。金融政策は、国債市場が崩壊しないようにするための危機管理の政策であり、後者は、本源的に国債の残高を減らし、資金を民間部門に移動させる、資源の有効活用による成長戦略だ。

では、さらに本質的な成長戦略とは何か？

最後に、日本経済の実力を本質的に上げる戦略、底力を上げる政策を示そう。

それは人を育てることだ。

サッカー日本代表と同じで、チームが強くなるためには、個が強くならなくてはいけない。チームプレイも重要だが、個の力が低いままでは、チームとしても限界がある。

だから、個を強くする必要がある。

経済における個とは人だ。人一人一人を強くする。それに尽きるのだ。


人が成長する。その総体である経済も成長する。

何の種も仕掛けもないが、これ以外に道はない。

この道しかない。


もちろん時間はかかる。人間が成長するには、一〇年二〇年かかるだろう。しかし、日本は素晴らしい社会だ。素晴らしい社会であれば、経済的に個々人が成長するのは、努力と工夫で、時間はかかるが、地道にやれば必ず達成できる。


やることはシンプルだ。

まず、基礎力を上げるために、教育を充実させる。家庭教育も学校教育もだ。

幼稚園から大学院まで、徹底的に人材を投入する。育てる側の人材も育てる。教師、学校も育てないといけない。ここにも、人とエネルギーを投入する。

カネはそれなりにかかるが、より重要なのは、エネルギーと根気だ。学校を立て直し、新しくつくるための核となる人を見つけてこないといけない。

この核の人が出てくれれば、あとは、政策のサポートだ。その学校が必要とする教師、スタッフを育てるための仕組みをつくる。各都道府県にある国公立大学の教育学部を基盤として、ここのプログラムを改革、充実させる。

人を育てる人を育てるためには、教師を育てる学校をまず立て直すことだ。

教員免許を取るときだけでなく、定期的に教育し直す。研修と呼んでもいいが、徹底的な研修だ。理論だけでなく、実地のトレーニング、プロの教師同士のディスカッション、お互いの授業評価、討論などを徹底的にやる。学問上の進歩、世界における教育学の進歩も盛り込む。

個々の学校の現場もエネルギーと人を注入する。教師の数を増やし、専門スタッフも増やす。詳細はここでは議論できないが、各教育委員会は改革する。ポイントは、教育に人手をかけ、人を育てる人にも人手をかけて育てるということだ。

この意味でカネはかかるが、設備にはカネをかけない。どうしても必要なものを現場の裁量で入れればよい。英語などを中心にインターネット教育ということも言われており、それも大事だが、二次的な話だ。教育の基本的な体制を整え、人材を充実させれば、そのような個別の問題は、彼らが柔軟に解決していく。そして、必要なことが出てくれば、そこで予算措置をとればいい。それはうまく回り出してから考えればよい。

人を育てるための人を育てる。それを実現するための人が必要だ。

教員研修大学院をつくるための核となる人が必要だ。秋田の国際教養大学は、初代の理事長・学長であった中嶋嶺雄氏が素晴らしかった。岐阜の情報科学芸術大学院大学も、坂根厳元夫学長が素晴らしかった。そういう核になる人材を丁寧に探してくること。これが最重要だ。

成長戦略としての社会保障改革

教育で基礎を充実させたあとは現場での修業だ。

職場で働くことにより、人的資本を蓄積できるような環境をつくる。正規雇用、非正規雇用という枠組みでなく、勉強になり、修業になり、次につながる、来年は今年よりもより高い価値のある働き手になっているような仕事となるようにする。そのためには、正規雇用を増やすのではなく、逆に、非正規、正規の枠組みをなくす。

非正規と正規の問題は、社会保障を与える側の都合で枠組みをつくっていることにより生じたものである。同一労働同一賃金として、正規と非正規の格差をなくすという考え方もあるが、それよりも、そもそも正規と非正規の区分をなくしてしまえばよい。そのうえで、当然の同一労働同一賃金の原則を適用することが必要だ。

非正規が問題なのは、次につながらない仕事しか与えられないということだ。個人が成長しない。働き手として価値が上がらない。そうなると、企業も継続して雇う意味がない。賃金を上げる気がしない。

非正規は、雇われる側も雇う側もいいとは思っていないが、雇う側の理由としては、社会保障コストが高いから正規雇用に二の足を踏んでいることと、正規の解雇が面倒であることの二つである。この結果、非正規を多用している。都合よく非正規を使っている企業もあるが、正規にしたいのに社会保障コストが高すぎてと思っている企業も多い。

だから、**年金、医療保険を雇用形態とは無関係な制度に変える**。雇用保険はともかく、年金、医療は雇用形態に依存せず、個人ですべて加入することにすればよい。企業負担、雇用主負担は、別の形に移行すればよい。

別の形とは、法人税になるだろうが、社会保障負担が減れば、それよりも小さい法人税増税であれば、企業は負担できるはずだ。

会社ではなく個

あとは、職場次第であり、政策にできることはそれほどない。学校を徹底的に強化することが政府の役割だ。学校の充実により、職場での実践力を高める手助けをするには、高等専門学校の強化が最も重要だ。

日本の教育機関の中で最も評価の高い高等専門学校、これはロボットコンテストなどで有名だが、これをさらに充実させ、かつ、分野を広げ、工学系だけでなく、農業、漁業、林業、介護、ホテルなどのサービス業、コンテンツなど芸術とビジネスをつなぐ産業などへ展開する。

今のうまく行っている枠組みを活かし、これまでの高校を発展させ、そこに、大学院的な要素を加え、実際に大学院もつくり、グローバル戦略、海外の言語、法律、マーケティング戦略なども含めてやる。ビジネススクール的な要素と高等専門学校の一体化、発展形だ。

ここに、就労経験が十分にある人々も学生として受け入れる。三〇歳、四〇歳、五〇歳、どんな年齢になっても、学び直し、これまでの経験を活かしつつ別の分野に移行するため、自分の経験を整理し昇華させるために、学校はサポートをする。

みっちり半年、一年、経験を体系化してもいいし、整理してもいいし、新たな視点で発展させてもいい。そういう知的エネルギーをチャージする機会、場を提供するのだ。

今後、我々の多くは、二〇歳前後から七〇歳以上まで働くことになる。就社というようなことでは、五〇年はもたない。五〇年の間に必ず、会社も環境も変わる。また、職人でないサラリーマンとしては、一カ所で五〇年はもたない。

会社の中ではなく自分の中に資本を蓄積する。仕事の経験を人的資本として自分の中に蓄え、それを活かし、自分でキャリアを形成していかなければならない。個を強くしなくては始まらないのだ。企業という箱を強くしても、その箱にぶら下がる人々が増えるだけでは意味がない。

個を鍛えることがすべての根本だ。

政府は補助のみ

この素晴らしい個を日本全体というチームにするためには、この章の前半で議論したように、金融資本の活用により、企業、産業の新陳代謝を進め、政府依存の経済を脱却する。もともと日本は、国際的に見て、米国などに次いで、政府依存度が低い民間活力にあふれた国なのだ。だから、今までの景気対策依存という誤謬、悪い癖、発想から脱却すれば、十分道は開ける。政府依存という道は、行き止まりの道だ。

人口問題は、直接アプローチしない。良い社会、自然な社会へと立て直していけば、人口は、結果として自然に増えていくだろう。

結婚が遅れたり、出産が遅れたりするのは、大都市の大企業サラリーマン、サラリーウーマンという働き方の形態に依存していることによる影響が大きい。

人生は長く、どうせ一社では終わらない、ということになり、非正規と正規の区別がなくなり、実力主義で中途採用も幅広く行われるようになれば（すでに一部の伝統的な大企業以外ではこれらはすべて起こっていることなのだが）、仕事の都合で出産を遅らせるということも減っていくだろう。

そうでなくても、仕事の都合で出産を遅らせなければならないような職業、会社は敬遠されることになるだろう。ワークライフバランスなどという言葉をわざわざ使わなくても、自然に、そのような生活でなければ持続可能でなくなっていくから、世代が変われば、一気に職場の習慣は変わっていくだろう。

同様に、東京などの大都市を離れ、地方、環境の良い街、地域を選んで住む人が増えていくだろう（すでに兆しはある）。地方出身者は、短期、東京を観察し、地元の良さを再認識し、地元に戻り、定着する人が増えていくだろう。

大都市と地方を比べると、物価水準が低いだけでなく、質としても、地方の生活のほうが圧倒的に豊かであることは、多くの若者が知っている。中高年層ももちろん、そういう考え方の人が増えてきた。子育て世代が最も感度が高い。彼らこそ、生活における質の豊かさを必要としているから、それも当然だ。

地方は、何より環境が良い。地域のつながりが良い。食の質が高い。住宅はもちろんレベルが違う。子育てには最高の環境だ。

足りないものは、仕事と学校と病院だ。ここが政策で補助するべき領域である。学校と病院は、直接、政府の出番があるが、仕事は、なかなか政府が直接生み出せるものでない。国は、生活コストを低くするという環境整備に集中すればよい。

ある程度人が地方に戻ってくれれば、質が高く、質の割にはコストが安い働き手がいる社会になる。この結果、地方企業が生き残り、活躍する芽が出てくる。実際にそういう動きはすでにある。ネット通販で味のある企業は、ほとんどが東京以外の企業だ。日本の地方は、本質的に豊かな地域が多い。中間山地などは別の議論であるが、こちらも、同様に、地域ごとに農林漁業の戦略を立てるところが増えてきている。

政府は補助に徹し、伸びてくるところを側面的に支えるのだ。

東京、名古屋、大阪の三大都市圏および、地方大都市。これらに対する補助は何もいらない。札幌、仙台、福岡。素晴らしい都市であり、さらに発展していくだろう。県庁所在地的な都市。ここも素晴らしい。県あるいは市と社会が一体となれば、もっともっと魅力的な都市になっていくだろう。

もっと小さな市町村、地方への経済政策というと、大企業製造業の輸出工場の誘致や観光、という短絡的な道が強調されてきた。また、町興しと言えば、観光とB級グルメと、とにかく東京から人を呼び寄せることばかりに頭を使っていた。

そうではない。

地方の力は地方にあるのである。

地元の経済力をうまく高めることで、さらに充実した社会となり、その結果、経済的にも持続可能性を取り戻すのだ。若者の流出、人口減少も、生活の場としての魅力をさらに高め、また、これが再認識されることにより、流れは変わる。飛び道具的に東京や外国に頼ってもうまくいかない。

地元を愛し、定住する人を増やすことが最優先であり、それ以外にない。

教育、医療が充実すれば、もともとの豊かな環境を活かして、魅力的な地域社会として、人口も少しずつ増えていくだろう。そうなれば、自然と経済圏の持続性は生まれる。人々が生活するのだから、そこに経済活動があり、経済活動があれば、仕事も生まれる。飛び道具ではなく、地元に根付いた仕事が生まれる、あるいは復活するのだ。

そのためのきっかけは必要である。それが、教育であり医療だ。教師が増え、医師が増え、看護師が増え、介護士が増え、それらのサービスの受け手が増えていく。

東京よりも低コストであることは、働き手にとっても魅力だ。給与水準が下がっても、より豊かに暮らせるからだ。そうなると、サービスの採算も合うようになる。みんなが東京と同じ所得と生活スタイルをとるような錯覚に陥っているから、中央政府の政策は根本的に誤るのだ。

一定数の人々は、しかたなく東京に住んでいるのであり、条件さえ整えば、すぐにでも脱出したいのだ。

しかし、地方に住んでも東京に住んでも変わらないものはある。それは輸入品の価格である。地方だから安くなることはない。だから、円高は必須条件である。地方では、車が重要でガソリン価格の上昇の生活への影響が大きいことは有名だが、ガソリンや電気代だけでなく、多くのものが今や輸入品であり、地方でもそれは変わらない。東京ではユニクロはびっくりするほど安いかもしれないが、地方では、まあまあ安いか普通なのだ。だから、生活コストの低い地方を活かすためには、円高は必要なのだ。

年金：個人勘定積み立て方式への移行

若者を中心とした自発的な動きにより、働き方も徐々に変わり、大都市ではなく地元を志向するなど、生活スタイルは変化していくだろう。しかし、自発的な動きだけでなく、変わりにくい職場が変わることを支援するために、政策を打つことも必要である。しかし、それには何よりも、前述のように、非正規と正規の区別を止め、社会保障を企業に依存せず、個人ベースで行うことにする、という基本的な枠組みの変更が最も重要で、これで多くの問題が解決する。

年金を個人積み立てにすれば、サラリーマン（ウーマン）の配偶者の問題も必然的に解消される。賦課方式から積み立て方式への移行のコストは、コスト負担を工夫するしかない。これも大きな問題なので、どこか別の機会に議論するべきだが、やるべきことはやるしかなく、手段はある。

簡単に言えば、特別の消費税をつくり、特別の国債を発行する。年金制度抜本改革移行費用に限定したものにする。これなら、財政構造の改革のための支出であるから、国債の発行も歯止めのきいたものとなるし、財政ファイナンスとはならない。

実は、これは景気対策にもなる。

景気対策はいらないのであるが、短期的でも不況に陥ると、年金の抜本的改革のような大きな改革は反対派が増え、頓挫してしまうから、景気にプラスとなることは重要だ。

　この年金改革は、景気にプラスだ。

　なぜなら、若い世代は、自分たちは年金は払わされてしまうだけで、何ももらえない、将来はまったく不透明あるいはゼロという最低の期待しか持っていないからである。負の期待である。それが、条件がそれほど有利ではなくても、自分自身で払った年金保険料は、自分の年金として返ってくるということが明確化されれば、それは、いわゆるポジティブサプライズだ。将来の制度的な不透明性もなくなる。彼らの消費、投資行動にはプラスだ。


　一方、高齢者世代は、年金が多少減らされることになり、また、現在の中高年の勤労世代も現在の制度的な約束よりは減ることになるだろう。しかし、高齢者は、これまで年金財政の問題が持ち上がるたびに不安と不快感が生じていた。不安とは、自分の年金は大丈夫であろうかという不安だ。

　年金問題とは将来の給付減、負担増なのだから、実は、相対的には心配しなくていい世代、年金改革においても守られている世代なのであるが、現在、年金だけが収入である人も多いから、ものすごく不安になる。病気も孤独感も死もすべて不安だから、さらに年金も不安となれば、不安感は非常に高まる。

この世代に対しては、多少は年金は減るが、これ以上は減らない、そして破綻することもないということがわかれば、不透明感、不安感は解消する。これは大きなプラスだ。


もう一つの不快感は、高齢者一人を一人の勤労者が支える時代へ、神輿型から肩車型の時代へと、あらゆるニュース、ワイドショーで言われ、罪悪感を持たざるを得なかったことだ。自分のせいで、日本経済が暗くなる。若い人たちの負担になる。諸悪の根源は自分たちが長生きしていることだ。申し訳ない気持ちがいっぱいで、お金を使うのも申し訳ない。貯蓄するのも申し訳ない。早く死んだほうがお国のためだ。こういう不幸感にさいなまれていた。

これはよくない。使いたいものは使えばよいし、明るく生きたほうが幸せだ。今の年金政策は、高齢者に相対的には多く支払いながら、彼ら自身を不幸にしている。

これはたいへん効率が悪い年金制度、年金政策だ。財政負担をかけながら、人々を不幸にしているのだ。同じ給付をするなら、負担感、不快感を与えずに給付をしたほうがよい。だから、改革するのだ。

若い世代も高齢者世代も、ともに年金が負担になっている。高齢者にいたっては、国としては十分に払いながら、それで彼らを不幸にしている。若い世代は、不必要な負担感を持っている。自分のために積み立てるとなれば、負担感は解消する。どうせ同じ額払うのであれば、そうしたほうがいい。賦課方式という、世代間の助け合いなどというきれいごとの言葉から、積み立て方式、自分の年金を自分で積み立てる方式に変えればよいのだ。

これは景気にもプラスである。不安、不快、諦念がなくなり、自由が取り戻される。消費にも、将来への投資にもプラスだ。

政府にどいてもらうという成長戦略

政府の国債依存を止め、経済や社会の景気対策依存を止め、社会保障の企業依存を止め、賦課方式の年金依存を止めれば、経済は活力を取り戻す。政府が邪魔をしていた部分が取り払われるのだから、それこそ、道が拓け、本来あった活力を取り戻すことになる。

このために、景気対策、依存は止める。そもそも政府の経済政策に依存する体質、意識を変えるのだ。

この道しかない、などと、政府のつくった道、短期の甘い痛み止めに依存することから脱却し、自分たちで道を切り拓くのだ。

そのために、政府にはどいてもらう。代わりに政府がやることはただ一つ。長期的な成長力の底上げに貢献する。そのためには、人を育てるしかない。政府は、個を育てることに注力する。その補助に注力するのだ。

設備投資による資本蓄積も重要だが、こちらは、これまでに設備投資減税など、むしろ過大な補助が流れている。企業は儲ける機会があれば投資はするので、こちらは、それほど心配する必要はない。

さらに、これからのチャンスはより海外に増えていくので、無理に日本で投資させるインセンティブをつけるのは、世界経済構造の変化に対応しにくくなる。したがって、設備投資減税も、長期成長を阻害する可能性があるのである。

一方、人的投資の促進は、必ず日本のためになる。日本の労働力の質を上げれば、多くの企業が、日本企業も海外企業も日本を拠点にしたいと思う。日本人が日本で教育を受けて優秀になって、海外に赴任した場合でも、日本へ彼らの所得の移転が行われることになる。

あるいは、海外に移住するとしても、海外で日本人の評価が高くなることもあり、また、彼らは、一般には、日本のやり方を何らかの形で海外に広めることになり、優秀な日本人が海外に散らばっているというのは、ものすごく強いネットワークとなる。

学者の世界では、これは顕著で、私が留学できたのも、大学時代の恩師がノーベル賞こそ逃したものの文化勲章を受章するなど、世界的に非常に有名であったため、彼の推薦状が米国のどの大学にも効果的であったからである。

また、優秀な日本出身の研究者が一人、ある米国の学校を卒業すると、その後、その大学は日本には優秀な奴がいるのではないか、と日本人を合格させるようになる。

個々の人の価値を高めれば、それは連鎖して、大きな相乗効果を持つのだ。

したがって、人に価値を蓄積させるような政策に絞って、それを全力で行う。

これは、賃金の上昇をもたらすことになる。賃金の継続的な上昇は、企業の利益を吐き出させることでは持続しない。日本経済のためにもならない。単なる移転であるから、日本全体としては何の意味もないのだ。

そうではなく、働き手が労働力としての価値を高めれば、企業にとっても価値が高くなるから、高い賃金を払ってでも雇いたくなる。そうなれば、企業の製品の価値も上がり、利益も増え、賃金も上がる。

これこそが、真の好循環である。

これが、真の成長戦略であり、アベノミクスの代案だ。

個人的には、代案などと比べられるのは本当は不満だが、ここに対案として提示したい。

第九章

円高・デフレが日本を救う

本章では、最後に、本書のタイトルでもあり、私が今、どうしても本書を世に問わなければならなかった理由である円高・デフレの必要性について、ここまでの議論と重複する点も多いが、改めてまとめて述べることにする。

＊＊＊

今、日本に一番必要なのは、円高だ。

自国の通貨の価値を高める。これが、一国経済において最も重要なことだ。通貨価値とは交易条件の基礎であり、交易条件が改善することは、一国経済の厚生水準を高める。つまり、国が豊かになる。

通貨価値至上主義の時代

かつて一九世紀までは、これは常識であった。

古代において、国家権力を握る目的は通貨発行権を得るためであり、通貨発行益、いわゆるシニョレッジを獲得するためであった。

歴史を経て、シニョレッジの安易な獲得が難しくなった近代は、通貨価値を高めることが重要となった。発行益を得ることができる通貨発行量が限られているのであれば、その単位当たりの利益を高める、すなわち、高い通貨価値を維持することが国家の利益を最大化するうえで最重要となったのである。

しかし、いつの時代にせよ、通貨価値は最も重要なものであった。シニョレッジは、〈通貨発行量×通貨価値〉だから、あえて価値を下げる国家はなかった。価値が下がっていないように見せかけて、大量発行することに邁進したのであった。

通貨価値が最重要なのは、経済構造からいって当然だった。つまり、一九世紀までは、経済は貴族経済であった。国民の大多数は生存可能水準ぎりぎりであり、彼らの所得とは、生きるための所得であり、貯蓄もそれによる資産もほとんど存在しなかった。国民経済は存在しなかった。それでも国家にとって国民が重要なのは、戦争の手段であり、安価に動員できる貴重な資源だからだった。傭兵よりも安上がりだった。

経済は貴族のものであり、貴族とは資産で暮らしている人々のことであった。勤労という概念はなく、諸侯として、あるいは国王として、地域や国の資産、つまり、自分の資産であるが、資産価値の最大化を目指していた。その場合、通貨価値とは、自分の資産の単価であった。もちろん、それを高めることをどの貴族も望んだ。

さらに、経済圏が拡大し、今で言う経済の国際化が進展すると、通貨価値の絶対水準だけでなく相対的価値も高める必要が生じた。自国の通貨が他国の通貨よりも価値が高いと、他国の物産、傭兵、土地、あるいは他国そのものを、すべて安く買うことができるようになる。相対的な通貨価値とは強さであり、通貨の価値が上がることは通貨が強くなる、と言われるようになった。

二〇世紀初頭、現在よりも国際金融市場が発達していたと言われる時代、第一次世界大戦後一九二〇年代半ばまでは、通貨価値の維持、金平価の高い価値を維持することが、国家経済の最優先課題であった。

通貨安戦争は歴史上の例外

それを一変させたのは、大恐慌であった。一九二〇年代末の株価大暴落からの金融危機時、その後、金平価に復帰した国、復帰しようとした国は、ことごとく大恐慌において苦しみ続けた。金平価に戻れなかった国、戻らなかった国が相対的に浮上した。

フランスは、相対的に金平価で踏ん張り続けることができたため、かえって傷が深くなった。傷というよりは、崩壊寸前と言ったほうがいいかもしれないが、長期的にも、世界経済における地位を回復できなくなった一因となった。

それは、植民地などの社会経済構造に内在していた危機でもあった。貴族による経済からの収奪構造から脱却できていなかったひずみが、労働の付加価値から生まれる勤労所得を軽視し、資産価値最優先のために通貨価値の維持に固執することにつながり、経済危機を拡大させたとも言える。

つまり、イギリス型の商業、産業重視の多角的な植民地主義ではなく、植民地における資源の収奪を優先し、既存の資産、資源価値を最大化することだけを考え、経済を成長させる商業、工業を発展させることの優先順位が低いままにとどまった。まさに貴族的、資産家的発想だった。

イギリスは、商工業を発達させる三角貿易を中心に、パイを大きくしてから収奪することを目指した。より優れた、長期的に持続可能な戦略だった。

それはアメリカとの関係においても同様だった。世界経済が急激に成長し、世界経済の中心が欧州大陸から米国大陸に移るなかで、イギリスは、島国として世界情勢を見極め、覇権を失うなか、次の覇権国の成長に乗ることで、生き残りを図ってきた。

世界経済は変化した。一九世紀末、米国消費大国の登場で、資産価値よりも毎年のフローとしてあがる所得、経済成長を取り込むことのほうが価値が大きくなったのである。世界経済が急速に成長するようになり、日々の生産で稼ぐことが、資産価値の維持よりも大きい世界が登場した。国民も戦争への動員資源ではなく、経済力という軍事力に代わる国力の担い手としてとらえられるようになったのである。国民の所得を拡大させることが国富の観点からも最重要となった。

これは、ドイツや日本という資本主義後進国にとっては当然のことで、追いつくためにはは、少ない資産を守っていては話にならないので、富国強兵で、国の経済を成長させることが一九世紀後半からずっと重要だった。その意味で、米国と同じであった。

大恐慌において、初めて失業問題が社会問題としてではなく、国のマクロ経済の問題として重要となった。国民とは、労働力という生産力であり、消費者という需要となった。一般大衆あるいは中間所得層が経済における最重要プレーヤーとして明示的に認識された。米国の時代の始まりとは、大衆消費社会の到来であった。消費市場が経済政策としても明示的に最重要課題となっていったのである。

かくして、貴族支配経済における通貨価値の維持・上昇への傾倒は、大恐慌で一変し、各国は、通貨価値引き下げを目指し始めた。経済において最も重要な需要を獲得するために、大恐慌の中では、輸出促進のための通貨切り下げ競争に走らざるを得なかったのである。

資産価値重視から、毎年の国民所得という経済規模拡大、すなわち経済成長を目指すようになった。資産というストックの重視から、国民所得、ＧＤＰというフロー最優先にシフトしたのである。

通貨価値維持から一転、激しい切り下げ競争になり、これまた逆方向の懸念が生じた。大恐慌による深刻なデフレーションであるから、通貨価値切り下げ自体は、財政出動と同様に、短期的な対応としては正しく、必要なことであった。

しかし、すべての国が切り下げ競争をすれば、それは単なる限られたパイの奪い合いをしているだけであり、世界全体で需要は増えない。増えたものは、価値の下がった通貨、すなわち、インフレーションだけである。

結局、需要は、軍需、戦争に頼ることとなり、各国政府は経済のためでなく、戦争のために財政出動を行い、結果として、深刻なデフレションからは脱却したものの、残ったものは政府の借金だけだった。軍需支出は、直接的には戦争後の平時の生産力とはならないから、戦後の不況へとつながるのである。

偉大な経済学者ケインズは、戦後のために、戦争中から切り下げ競争を回避し、通貨価値を安定させるために世界共通通貨を提案しようとした。しかし、ＩＭＦ・世銀体制はできあがるが、通貨体制は、ケインズ案ではなく、固定相場制となった。

通貨価値維持とはインフレとの戦い

第二次大戦後とは、世界的な高成長時代を迎えた。フローの国民所得の成長の重要性のほうが、ストックである資産価値の増大を上回った。

しかし、通貨切り下げ競争は問題にならなかった。通貨の相対的な価値、為替レートは固定されていたからだが、成長していれば、輸出依存となる必要はなく、経済と言えば、当然、内需だった。

この時代の価値の目減りとはインフレーションであり、各国はインフレーションを退治し、同時にフローである成長を目指した。為替が固定なので、インフレになれば、実質的な通貨の減価となり、通貨切り下げと同じ効果を持つが、インフレーションというコストを払ってまで、そんなことをする国はなかった。南米も高成長を実現したが、内需しか頭になかった。

そして、オイルショックが起き、インフレーションとの戦いは最も厳しいものとなった。

インフレにより、貨幣経済は崩壊するかと思われた。中央銀行はインフレファイター以外の何者でもなかった。通貨価値の維持が重要であり、金利を最大限に引き上げた。投資が抑制されても、不況になっても、ともかくインフレを抑え、通貨価値下落を抑えないことには始まらなかった。金利を引き上げずにインフレにならないのが、もっとも理想的であった。

こうして、オイルショックとともに、金本位制と固定為替相場制が放棄された。経済の現実の変化に対応して、システムの変更を迫られたのである。

円高不況の下で日本が世界を席巻した理由

しかし、オイルショックを経て、一九八〇年代、先進国は低成長時代に入っても、通貨安競争は限定的であった。日本という特殊な国に対しては、貿易摩擦が起き、円が安すぎるという非難を浴びたが、レーガン政権やその後のクリントン政権も、強いドルを明示的に追求していた。通貨が安いことを何よりも国家として最優先に望んだのは、高所得となった成熟経済国の中では、一九八〇年代後半以降の日本、およびその他ごくわずかな例にとどまる。

しかし、実は我々自身がよく知っているように、一九八五年以降の円高不況と呼ばれた時期は、実際にはまったく不況ではなかった。輸出産業は、構造改革、戦略、ビジネスモデル変更を迫られたが、経済全体では、バブル経済を謳歌した。そして、日本が世界を制覇すると恐れられたのも、この時期だけだった。

この理由は、もちろん、バブルはあったのだが、実体経済としても、日本の製造業の生産性上昇はめざましく、欧米がオイルショックによるインフレ、スタグフレーションに悩まされている間に、研究開発、設備投資を重ね、世界一付加価値の高い製品を世界一生産効率の高い工場でつくるようになったからだ。

このような製品群は、為替レートが円高に振れようとも、輸出を飛躍的に伸ばしていった。むしろ、円高により、ドルベースでの収益は大幅増加した。自動車産業は、貿易摩擦の元凶として徹底的に叩かれ（象徴的に米国自動車関連の労働組合員が物理的にハンマーで日本車を叩き壊す映像が毎日放映された）、実際には、輸出自主規制という実質カルテルもあったが、付加価値を高めて利益は急増した。

株価はバブルでもあったが、円高によりドルベースの時価総額では世界のトップランキングをほとんど日本企業が占めた。これが世界を恐れさせたのである。

一九九〇年代半ばには記録的な円高が進行し、一時七〇円台にまでなったが、このときは、ミスター円と呼ばれた榊原英資氏の介入と、ルービン米国財務長官が打ち出した強いドル政策により、円高は終了した。米国は強いドルを明示的に切望したのである。

その後、日本は金融危機となり、日本売りという形で、アジア金融危機でアジア諸国が感じたのと同じ恐怖感に、通貨の暴落によりさいなまれた。

新興国の時代、通貨安戦争はなぜ起きないか？

二一世紀になって世界は再び変わった。新興国が世界的に台頭した。一九九〇年代はアジアの成長だったが、特定の地域の発展ではなく、世界はようやく、世界全体で経済が拡大するようになった。これにより、先進国と途上国の経済水準格差が急速に縮まり始めたのである。

覇権の交代の時が到来した。米国の覇権は、社会主義国の崩壊により極まったのち、衰退が始まった。冷戦体制という秩序が崩壊し、世界が自由になると、これまで力をためていた途上国は、新興国となって、世界経済を少なくとも規模的には席巻し始めた。人口規模を力として、消費者の数の動員により、世界経済を支配し始めたのである。世界は多極化の時代となった。

これにより、通貨の意味は変わった。

一見、新興国にとっては、通貨安競争を仕掛けてもおかしくない。輸出で世界の需要をとれるからだ。しかし、実際には、極端な通貨安政策をとる国はない。中国は、米国から繰り返し通貨安を非難されたが、インフレにより、今や、その問題はなくなった。

実際、中国としては、通貨が割安であったことは、世界の生産工場として、グローバル生産を支配するのに役立ったが、それ以上に重要だったのは、通貨が今後強くなっていくということがコンセンサスであったことだ。つまり、中国に投資すれば、通貨が強くなるから必ず儲かると世界中の投資家に思わせたことである。

中国は、生産基地としても、一三億人の消費者の市場としても、そして投資先としても最も魅力的な地域となった。これを背景に中国は世界を支配し始めたのだ。

中国に限らず、どの新興国にとっても、通貨は世界規模で輸出先を獲得するための手段であるから安いほうが望ましいと思うのは一部の輸出業者だけであり、国力の増大にとっては、通貨を弱くすることは考えられなかった。

通貨が弱くなるということは、世界の投資家が資金を引き揚げるということを意味した。グローバル資本主義により、どの新興国でも、世界からの投資に依存していたから、長期的に資本を引きつけることは最優先だった。だから、通貨は強くなる必要があり、そのためにはインフレは敵だった。

また、通貨が弱いままでは、国内の人材、企業、土地などを買い漁られてしまうので、投資を引きつけつつ、高く売ることが必要で、そのためにも通貨は強いほうが当然望ましい。

さらにリーマンショックは、これを新興国に再認識させた。弱い通貨の国は、株式市場、不動産市場、国債市場が崩壊してしまった。ユーロに入っていなかったEU加盟国は、最も激しい危機に陥った。ハンガリーが代表である。ギリシャがユーロから離脱していれば、一瞬で吹き飛んでしまっていただろう。したがって、バルト三国は、悲願のユーロ加盟を達成し、歓喜に沸いたのである。

通貨価値維持という王道

一方、先進国というよりも成熟国と言ったほうがいいだろう、彼らはどうなったか。二一世紀の新しい戦略は、世界規模に広がった高成長の果実をどれだけ享受できるか、という競争になった。

それには、通貨価値が高いほうがいい。この新興国を中心とする世界経済の拡大の果実を効率よく刈り取ることが望ましい。そのためには、投資を拡大しないといけない。果実のなる樹木に、土壌に投資しないといけない。

グローバル資本主義の世界とは、資本を世界に効率的に投資して、その収益を最大化する競争であるから、通貨は力であり、強くなければ世界に投資できない。通貨価値が倍になれば、倍額の投資ができるのである。

そして、実は、輸出の面から言っても、通貨は強いほうが、成熟国には望ましい。自国のモノや知的財産を経済成長著しい、伸びゆく市場としての新興国に売る場合には、付加価値を高くして、できるだけ高く売るのが最適な戦略だ。

量を追うことはあり得ない。コスト競争なら、新興国、あるいは新興国になろうとしている途上国の中の最も効率が良く質の高い生産力を持つ国に必ず負けるからである。それらの国は、中国、ベトナム、カンボジア、ラオスと推移してきた。中国はもはや価格競争は卒業し、付加価値競争に入ってきたのである。

通貨を弱くすることにより、あえて、自国の価値を低めて貧しくなってまで、この価格競争に参戦する国は普通はいない。

通貨価値、資産価値、成熟経済

このように見てくると、通貨を安くすることが自国の利益になったことは、例外的な場合を除いては、歴史上なかったと言える。大恐慌時や一時的な大不況に陥ったときの緊急脱出策として選択肢になる場合があるだけであり、しかも、それは一時的で、長続きはしない。

ましてや、二一世紀の現在の成熟国において、**ストックである資産価値についても、将来へ向けての投資についても、そして、フローの輸出に関しても、すべての軸において、通貨は強いほうが望ましい。**

過度の通貨高は、もちろん均衡を離れているということで歪みが出るから、長続きはしないが、それは過度の通貨安についても同じことだ。通貨は強いことが望ましいことを考えると、過度の通貨安を望む、ということは経済的にあり得ない。

それを、あえて政策的に追求するということは、長期的な経済の持続性を捨てて、今の一時的な需要をつかむこと以外にメリットはない。

通貨の安売り戦略は理論的にもあり得ないし、現在の日本以外に、それを望む成熟国はないのである。

どうしても輸出における価格競争をしたいのであれば、その企業だけ、賃金を引き下げて競争すればよい。その企業の働き手を殺すのか、と言うなら、円安で死ぬ企業もから同じことだ。

現代における経済成熟国の最適戦略は、通貨高による資産価値増大およびそれを背景とする新興国など世界への投資である。それにより、さらに自国の資産を増大させ、さらなるシナジーなどを加え、資産価値を通貨価値の上昇以上に増大させることを目指す。

国富の三分の一を吹き飛ばした異次元緩和

日本の国富（負債を除いた正味資産）は、二〇一二年度末で三〇〇〇兆円ある。これを一ドル八〇円で換算すると、三七・五兆ドルだ。一ドル一二〇円なら、二五兆ドル。三三％の減少だ。三分の一が失われたのである。そんな経済的損失は、これまでに経験したことがない。

たとえば、一二・五兆ドルの損失とは数百年分の損失である。

年間の名目GDPは二〇一三年度四八三兆円だが、円安によりGDPが一％上昇したとすると四・八兆円の増加効果がある。一二〇円で換算するとGDPはほぼ四兆ドルで、円安効果で毎年一％、日本経済の収益（付加価値）が増えると考えると、〇・〇四兆ドルずつ増加することになる。一〇〇年かけても四兆ドル。一二・五兆ドルの損失を取り返すためには、三〇〇年以上かかる。これは現実的には望ましいとはとうてい言えない。

さらに機会損失がある。一二・五兆ドルを失ったわけであるが、これを世界の金融市場での投資や世界の実物に投資していれば、少なめに見積もって利回り二％が得られていたとしても、〇・二五兆ドルが毎年得られるから、一〇〇年では二五兆ドル。三〇〇年では七五兆ドル。円安貿易によって稼ぐ力の六倍以上のペースで資産が増加していくわけであるから、永遠に追いつかないどころか、差は年を追うごとに永遠に広がっていく。複利計算をすれば、その差は天文学的に広がる。

現実的には、国富を直ちに海外の金融資産に投資できるわけではないから、話はそう簡単ではないが、しかし、経済的に起きていることは、この数字がまさに表している。一瞬で、この二年で、これまで積み上げてきた日本の富の三分の一を吹き飛ばし、永遠に取り戻せない損失が生じたのである。

円安で輸出が増えない理由

さらに、この数字以上に、円安により所得を稼ごうとする戦略の困難が現実にはある。それは、世の中は動いており、世界経済は構造を日々変化させているということだ。

円安に戻して輸出で世界の市場を制覇するというのは、一九六〇年代、あるいは一九八〇年代前半の日本経済の勝ちパターンに戻りたいということだ。それは不可能であるというより、望ましくなく、圧倒的に不利な戦略である。

なぜなら、あえて円安にするわけであるから、輸入に極めて不利になるからである。その分を上回る輸出量だけでなく、利益を稼がないといけない。しかし、円安が進むことによって、貿易赤字は増えている。これは、まさに円安が日本経済にとって、所得の流出であり、日本経済が貧しくなっていることを示している。

輸出が増えない理由について、空洞化が進んでいることが指摘されているが、実はそれは主要因でもないし、最も重要なことでもない。

空洞化の議論を見てみよう。

超円高が続いてしまったために、企業はやむなく工場を海外に移してしまった。その結果、生産拠点が国内に残っておらず、せっかく円安に戻っても、工場がないので、そのメリットを享受できなくなってしまっている。だから、円安にもかかわらず、期待に反して輸出が増えていない。しかし、この円安が定着、あるいはさらに進行すれば、企業が国内に工場を戻すようになり、そうなれば、もう一度輸出が増える——こういう話である。

しかし、これは幻想であり、同時に、最悪のシナリオである。

第一に、海外に工場を移したものを国内に戻すということは、価格だけで立地を変えているということだ。しかも、三割程度の為替の変化による賃金水準の違いで、立地を変えている。原材料などは輸入であり、コストに占める人件費の割合というのは、業種によるが一割から二割程度である。原価率が五割程度（粗利が五割程度）とすると、その二割としても、人件費は製品価格の一割程度であり、その一割分が三割安だから、コストが三％変化するということである。為替変動によって、工場の立地を変えるとは、この三％のためだけに右往左往しているということである。

確かに、三%分が限界的に変われば、利益率が三%なら六%に上がり利益が倍になるので非常に大きい。ただ、逆に言うと、その程度である。工場を戻したところで、売上が倍増するわけではない。


この円安立地戦略の問題点は、この企業あるいは産業の競争力は非常に弱く、今後の環境変化に対して、非常に脆弱な構造を持っているということだ。

つまり、もう一度円高になれば、ひとたまりもなく工場は閉鎖に追い込まれ、また海外のコストの安い立地を血眼になって探すことになる。これでは、実は、海外生産もままならない。なぜなら、最安値の立地は数年で必ず変化するからだ。

コストの一番安い途上国で生産するということは、数年経てば、その地域の生産コストは急上昇することが確実なことを承知のうえで行っているということだ。つまり、質の良い労働力が安く手に入る地域で生産しているということは、その地域の労働力および経済が素晴らしいことを意味するから、必ず経済成長が起こる。日本のほかの企業も、いや世界中の企業が殺到するから、人件費は急騰する。よって、瞬く間にコストの優位性は失われる。

だから、そのような工場は、中国、ベトナム、カンボジア、ラオス、ミャンマーと数年ごとに絶えず移っていかなければ、コスト優位性を維持できないのである。

しかし、このビジネスモデルは持続可能でない。

中国が生産地として優れているのは、当初はコストが理由であったが、教育水準も高く、労働者の潜在能力が高いことから、使い方を経営側も学んでいけば、非常に価値のある、質の高い労働力が豊富な生産拠点となり得るからである。

だから、経済水準が上がって賃金が高騰しても、高度化した生産基地として発展してきているのである。

このように、世界経済は動いており、成長しており、高度に発展している。構造も単純ではない。そのような環境で、為替レートだけで右往左往して生産工場の立地を変えるような企業、産業は、構造が脆弱と言わざるを得ない。

多くの企業は、生産拠点を世界に複数持ち、あたかも株式投資のポートフォリオのように複数の選択肢の中から、為替変動に対しては、生産量の比率や部品の調達比率を微調整しているのである。生産ポートフォリオ戦略をしっかり確立しているのである。

かつて、日本の地方では、雇用を地元に生み出そうと、大企業製造業の工場を誘致することが流行った。しかし、多くの工場は、設立して五年もすれば、設備は物理的には古くならないものの、世界経済の構造変化、技術進歩、ニーズの変化などにより、経済的には陳腐化し、企業はほどなく撤退を決意することになった。

義理堅く工場を守ろうとすれば、企業自体が倒れてしまうか、少なくともその製品の生産ラインは維持できず、海外ライバルに工場を叩き売ることになってしまう。為替レートの変動で工場を変えるということを想定しているような企業や産業は危ないのである。

今回の円安は、国富の三分の一が二年で吹き飛ぶような、しかも、それを政策で意図的に行うという前代未聞、人類の歴史上初めてのことであるから、今までの常識は通用しない、という見方もあるかもしれない。しかし、だからこそ、立地を変更してはいけないのである。

金融政策の変更、異次元の異常な金融政策によるものであるから、もし、金融政策がもう一度変更されて元の方向に行けば、あっという間に為替の流れも変わることが予想される。

しかも、今の金融政策は、明らかに異常であって、日銀自身が異次元と呼んでいるのだから、必ず正常化が起こる。実際、米国でも正常化が進んでいるのであり、日本でもいつか必ず起こるのである。

多くの企業は、工場立地に関しては、この円安が定着するかどうか見極めたいと様子見をしているところがほとんどだ。それをデフレマインドと呼ぶのは自由だが、為替が安定するまでは動けないのが常識的な反応だ。

異次元の緩和で円安になっているのなら、今の円安のほうが例外的であり、金融政策が将来正常化すれば、今の水準は続かないと考える企業経営者のほうが、これをデフレマインドと呼ぶ人々よりも、普通であろう。

しかし、金融政策が普通だったとしても、異常なデフレマインドにより、異常な円高に陥ってしまって、その心理的な罠から抜け出られなかった、という解釈をする人々もいるかもしれない。為替はオーバーシュートするのが普通であるから、七〇円台は行き過ぎた円高であることは確かだとしても、過去にも八〇円から一二〇円まで（一時的には一四〇円台まで）動いてきたのだから、平均値はその真ん中ぐらいにあると思うのが普通だ。

円安の企業利益＝他部門の損失

円安による企業の利益増大というのは、価格競争に勝利したことによる輸出増大とは別のメカニズムがメインである。

現在、円安に沸いているのは、生産量も増やさず、もちろん生産拠点も変えず、もともと日本でつくっている場合には最終製品の価格をドルベースで変化させないでいる企業だ。

たとえば、五万ドルでレクサスを一台売った場合に、一ドル八〇円なら円建ての収入が四〇〇万円だったのが、一ドル一二〇円なら六〇〇万円になり、二〇〇万円も利益が出ることによるものだ（もちろん、コストがまったく輸入と無関係ということはあり得ないから、二〇〇万円丸々利益が増えるわけではない）。

もう一つの円安による利益増大のパターンは、海外子会社の利益の一億ドルが円換算でかつては八〇億円だったのが、一二〇億円になって、一・五倍になったことによるものだ。円安による大幅増益、株価上昇というのは、このパターンだ。

これで、株価が上がることは悪いとは言わないが、実体は何も変わっていないことに、むしろ注目すべきである。生産も何も変わっていないが、ただ、利益の測り方が変わっただけなのである。

ここで重要なのは、測り方が変わっただけで沸いているのが馬鹿馬鹿しいのではなく、実体が変わらず測り方で儲けているということは、その分、どこかで損が出ているはずだということだ。

それは、どこに出ているのか？

二つの軸に分かれて出ている。

第一に、円安、インフレーションによる生活コストの上昇、生産コストの上昇である。

これらは日本経済を滅ぼす。毎年、日本は貧しくなっていく。フローの衰退である。

第二に、円安による日本の資産価値のドルベースでの下落は、日本経済の世界におけるウェイトを半減させ、経済的存在感を喪失させる。ストックの消滅である。

フローの衰退は人々の生活を毎日悪化させていくが、目に見えにくいストックの消滅はさらに致命的だ。

一ドル七五円が一二〇円になれば、日本経済の規模はドルベースで約四〇%減少するので、欧米から見れば、中国に比べて日本はますますちっぽけな市場となり、世界で軽視されるようになる。

そして、日本の企業も不動産も人材も、四〇%割安になり、アジアの投資家に不動産、都心の一等地のマンション、美しいスキーリゾート、温泉、水資源、しかも、最も価値の高い、最もいいものが買い漁られる。我々は、国富を、国の宝を失っていく。

最も貴重な宝は、人材だ。大リーグだけでなく、サッカー、ゴルフ、すべてのスポーツにおいて、一流の選手は全員日本を離れる。プロ野球は、大リーグにスカウトされるのを待つ二軍リーグになる。いや、なっている。これが、スポーツ以外の領域、普通の企業にも大学にも、すべての分野に及ぶ。

こうして、規模が四〇%縮小し、世界でのウェイトがほぼ半分と小さくなった日本経済は、規模の縮小をきっかけに、人材が流失し、活力を失っていく。

重要なのは、規模そのものではない。規模の縮小により、不動産と同じように、最も優れた企業、最も優れた人材が日本経済から出て行く。これこそ、日本の終わりだ。

米国で研究する日本人からノーベル賞学者は出るが、日本の研究機関を拠点にする研究者からは、もはや出なくなっていく。

人口減少で日本経済が衰退する前に、金融政策により四〇%日本経済は小さくさせられてしまったのだ。

どうしたらいいのか?

「円高・デフレで日本を救う」のである。

円高は日本を救う

円高、物価安定によりコストを低くし、世界で最も生活しやすい国とする。円高により、海外の資源を安く買い、物価の安定により、生活コストを抑え、生産コスト、生活コストの低い日本にする。通貨が強くなることによって、世界中の素晴らしいモノも企業も人材も安く手に入る。日本での生活が豊かになり、企業の本社ベースとして、最も優れた基地となる。日本は世界で最も豊かな拠点となり、社会となる。

円高を武器に、このような日本を目指すのである。

手段としては、具体的にどうするか?

まず、円安を止める。日本国内の資産価値が高まり、海外の投資家や企業に、不動産や知的所有権、企業、ノウハウ、人材を買収されるのを防ぐ。ストック、資産、知的財産の国外流出をまず抑える。

次に、通貨価値を少しずつ回復していく。この過程で、海外の最貧国、あるいは低コスト労働の生産地と価格競争だけで生き残ろうとする企業、工場、ビジネスモデルは、現在の世界経済構造に適した企業、ビジネスモデルへの移行を迫られる。高い価値を持ったノウハウ、労働力、知的財産を安売りするのを止め、高い付加価値をもたらすものに生産を特化していく。

自国生産にこだわらず、日本でも海外でも生産する。海外労働力、海外工場をうまく使い、その生産から得られる利益の大半を知的財産による所得、あるいは投資所得、あるいは本社としての利益として獲得し、国内へ所得として環流させる。

これは実際に、日本企業が現在行っていることである。リーマンショック以降、この流れは加速しており、実現しつつある。実は、現在の円安誘導政策で、この流れを政策によって止め、過去のモデルに企業を引きずり戻そうとしているのである。

これを直ちに止める。

世界経済の変化に企業が対応してきたのを政策で妨害するのを止め、補助する政策に切り替える。
といっても何も特別なことはしない。円安を修正するだけである。

この方向が進むと、国内生産量、工場労働者数は減る。しかし、生産量や国内工場雇用者数をとにかく増やそうとすることは、世界最低コストの労働力と永遠に競うことを意味する。

中国の賃金に合わせ、中国の賃金が上がれば、それより低いベトナムの賃金に合わせ、ベトナムが上昇してしまえばカンボジアの賃金に合わせる。それで工場で働き続けることはできるが、世界最低水準の賃金に自ら好んで合わせていくということである。これこそ、デフレマインド、デフレビジネスモデルである。

そうではなく、価格の安い海外の労働力の協力を得て、日本企業の素晴らしい製品を、アイデアの詰まった製品を、世界最低コストでつくり、世界中に高い価格で売るモデルにシフトする。

そのためには、工場は世界中にポートフォリオのようなネットワークを構築する。

為替が動けば、コストを最低にするために、グローバル生産ポートフォリオを調整し、最適化する。しかし、付加価値をつけて高く売るためには、需要地のニーズを的確に取り込むことが重要だから、製品開発は消費立地になる。日本にとらわれていては失敗する。こちらも、製品開発基地ポートフォリオを組む。

巨大な消費地のある中国では、もちろん製品開発拠点が必要だ。基礎研究までやるかどうかは人材、製品開発との連携の必要性による。消費の規模が大きくなくとも、質の高い消費地は、絶好の製品開発拠点となる。なぜなら、その市場で消費をつかめれば、その製品やサービスは世界で爆発的に売れる可能性があるからだ。

あるいは、最もレベルの高い消費者に鍛えられた企業は、同じ製品を世界で売るのではなく、そこで得た製品開発能力を世界の他の地域に応用していくことができる。あるいは、世界最高レベルの製品を元にアレンジすれば売れる。あるいは、そのまま世界最高の商品を世界中に広く売っていくこともできる。

グローバル化、インターネット化した市場では、いわゆるファットテイル、つまり、個性のあるテイストを持った消費者は、各地域の消費者数は少なくとも、足し上げていけば、世界全体ではかなりの数になる。

テイストに合ったモノであれば、その付加価値をフルに評価して、高い価格でも買う可能性が高い、ある種のオタク、マニアな消費者、世界中にいるこのような消費者にアプローチできるのだ。

これは、日本を開発拠点とする大きな理由である。製品開発と基礎研究と連動させて、研究開発を日本で行ってきたのは、日本の消費者のレベルが世界一高いからである。だから、日本で成功すれば、世界で成功する可能性は十分にあるのだ。

しかし、近年、このモデルの失敗が目立つのは、テレビメーカーをはじめとする一部の企業が、このビジネスモデルの本質を誤解しているからである。

世界一の市場で売れたものであれば、世界中で売れるから、そのままグローバルシェアを独占できるという安直な考えで、闇雲に単位当たりコストを下げるために、大量生産のための大規模な設備投資を日本で行ったのが致命的な誤りだった。

核となる製品、能力、ノウハウはもちろん通用するが、各地域はそれぞれローカルだから、そのローカルの需要に合わせていかないといけない。そこを誤解し、世界一の品質という奢りがあり、失敗したのだ。

謙虚に、しかし貪欲に世界中で利益を大規模に上げようと思えば、工場は世界で一番安く、質も十分なところに立地するべきだ。日本に固執するのは、チャンスを失うだけで、日本生産へのこだわりという自己陶酔をしているだけである。

さらに、製品開発は日本で日本人が、ということにこだわる理由はなく、日本人が優れていれば核としつつも、世界中の多様で豊富な人材を使ったほうが、さらに大きく成功する。

海外旅行でも、あるいは国内の出張先で夕食をとるときにも、おいしい店を探すには、ガイドブックよりも現地のローカルの人々に聞くのが一番だ。それと同じで、製品開発、現地のニーズ、目に見えない、言葉で説明できないニーズの感覚が体化している現地の優秀な人材を使うのが最適だ。

このような当たり前のことを、日本という場と、日本に育った人を核に進めていけば、日本に流入する利益が、毎年、増えていく。それが普通に日常的に起きていく。

このときに、最も重要なのは、日本や日本の人々が核になるということである。そのためには、日本という場を育て、それを支える日本の人々の能力を高めることが最重要だ。場も人で成り立っているから、すべては、人材を育てることにある。

日本の人材が中心になり、海外の工場の立ち上げも、現地の工場の指導も核になって行う。現地の製品開発の核にもなる。この人材の価値は非常に高いから、あがった収益や利益はこの人材に帰する。本社の投資利益とこの人材の所得として、日本経済の収益となる。世界で大きく稼ぎ、利益は日本のものとなるのである。

日本国内の勤労所得は減少するが、海外企業への投資収益、知的財産への支払い（コンサルティング料、特許料、ロイヤルティなど）などは大幅に増える。海外で働く人材の所得も大幅に増える。これらを合わせれば、国内で減った所得を大幅に上回る所得が得られる。マクロで言えば、経常収支の所得収益がこれからも大きく伸び続けることになる。

国内所得であるＧＤＰではなく、この所得の合計所得を増やすことが政策目標になる。

このためには、何よりも円高が必要である。海外の企業を買収し、人材を買収し、雇い入れるには、通貨の力が必要である。

日本の資産のほとんどは円建てである。我々の購買力は、消費者も企業も金融機関も円である。一九八〇年代末のバブル期、米国の象徴であるロックフェラーセンター、映画産業を買収し、米国を日本が乗っ取るというイメージだけ喧伝されたのも、円高という迫力があったからだ。タイヤメーカーであるブリヂストンによるファイアストンの買収も円高に支えられた。

急速な円高にもかかわらず、円高不況という言葉も乗り越えて、日本経済は世界を席巻した。通貨の強さとは国力なのであり、米国はこれを恐れたのである。

現在は、日本の相対的存在感は圧倒的に低下している。日が沈む国とたとえられている。そこで、円高になっても恐怖感はない。だから、円安を円高に戻しても、アジアの一部の国に歓迎されこそすれ、国際的にはまったく問題にならない。

ところで、今回の急激な円安が欧米の批判を浴びないのは、三つ理由がある。

第一に、日本を誰も脅威だと思っていないこと。存在感はほとんどなくなったから、むしろある程度しっかり経済をしてもらわないと、中国へのある程度の牽制にならなくて困るというぐらいだ。

第二に、欧米の投機家、トレーダーは、日本の金融政策の混乱を利用して、日本の投資家や個人投資家を振り回して、大きく儲けているからだ。だから、為替の大きな変動も大歓迎なのだ。乱高下する株式も最高の投資対象である。トレーダーにとっては、変動で儲けることがすべてだから、稼ぎがいがある。二〇一四年十一月、十二月は、もはや落ち着いた米国、欧州では儲け口がないので、日本の乱高下は最高のボーナス、二〇一四年のクリスマスプレゼントだったのだ。

しかし、円安を非難しない最大の理由は、**欧米はもはや通貨安競争の枠組みにはない**ということだ。

欧米は強い通貨を欲している。自国経済を強くするためには、自国の利益のためには、通貨が強いほうが圧倒的に望ましい。もはや資産のほうが重要であり、政治的に労働組合などがうるさいが全体では圧倒的に強い通貨を望んでいるから、日本が勝手に通貨を弱くしてくれるのは大歓迎なのだ。

通貨を強くし、世界の魅力ある有形、無形資産を手に入れ、国力を強くしていく。経済を強くしていくという考え方だ。他国の通貨が安くなるのは、投資しやすくなるので、絶好のチャンスなのだ。

日本ももう一度、遅まきながら、この流れに加わる必要がある。円の価値を維持し、高める。これにより、世界の資産、財を安く手に入れる。

円高を背景に、世界中の企業を賢く買収し、世界に生産拠点、開発拠点、さらには研究拠点のポートフォリオを確立し、それを有機的に統合する。

すでに大企業ではこれを行っているが、中堅企業を含めて、この大きなグローバルポートフォリオに参加する。

ネットワークというより、もっと強い有機的なつながりだ。有機的とは、お互いが発展することがさらなる発展につながるということだ。そして、短期的な利益にこだわらず、中長期的に持続可能で、全体が発展するような戦略で臨む。

もちろん、これは国家的な戦略として行うのではない。国家という枠組みを超え、企業や個人が自由に自発的に行動した結果、この有機的なシステムができあがるのだ。

これまでの政策の間違いは、できもしないことをできると言ったり考えたりしてきたことによる。産業の有機的な発展は、国家主導ではできないし、それは健全な発展を阻害する。国家は補助的な役割に自己を限定し、しかし、それを徹底的に果たす。

補助的な役割とは、まず、円高により、日本という地域の経済力を強めることである。日本地域の経済力が高まれば、そこを拠点とする企業と個人の経済力も強まる。立場も強まる。

企業と個人は、個々が強くなければならない。地域の力を強めるのは個である。企業と個人がすべての基本である。だから、人を強くする。

企業は人なりである。国家も人なり、地域も人なりだ。だから、人を、個人を徹底的に育てる。政府がそれを支える。

マクロ経済全体では、円高で経済の価値を高め、強くする。ミクロでは、プレーヤーである人を育てる。人が育ち、成長する結果、経済全体も成長する。

これが日本という地域の「場」としての力を強める唯一の道である。

この道しかない。

デフレは不況でも不況の原因でもない

社会は、第一には生活者の集まりである。消費者としての個人を支えるためのヴィジョンがデフレ社会だ。我々は、「デフレ社会」を目指す。

現在、巷で使われているデフレ、デフレ社会、という言葉は本来の意味から離れている。間違って使われている。

デフレとは不況ではない。デフレとはインフレの逆であり、物価が上がらないということであり、それ以上でも以下でもない。景気が良く物価が上がらなければ、それは最高だ。あえて無理にインフレにする必要はまったくない。

日本社会は、経済構造の変化に対して、社会として対応してきた。

所得が下がったのはデフレが原因ではない。デフレは結果である。所得が下がり、需要が出ないから、モノが高いままでは売れないので、企業は価格を下げた。効率性を上げて、価格を低下させても利益の出た企業が生き残った。バブルにまみれて、高いコスト構造を変革できなかった企業は衰退した。

そもそも日本の物価は高すぎた。東京が世界一物価が高い街として悪名の高かった一九九〇年代前半。そのバブルは崩壊し、フレンチディナーの価格も居酒屋の価格も適正になったのである。

さて、デフレ社会が望ましいのは、同じコストでより豊かな暮らしができるということに尽きる。所得が多少減っても、住宅コストが低ければ、経済的にもより豊かな生活が送れることになる。広い意味で生活コストを下げる。これが、生活者重視の政策であり、円高・デフレ政策の第二の柱だ。

円高は、エネルギーコスト、必需品コスト、あるいはさらに広げて、衣料品やパソコンのコストを下げることになる。まさに交易条件の改善による所得効果だ。

さらに、社会と経済の効率性を高め、無駄な支出を抑え、不必要な経済支出を減らすこと。これは、デフレ社会と呼ばれるだろうが、それは望ましいことだ。所得は一定なのだから、無駄な支出が抑えられれば、本質的な部分に支出を回すことができる。

最近の若者は、職場の同僚や上司と飲みに行かないと中高年サラリーマンは愚痴ったり、団体行動ができないと批判したりするが、それこそ無駄の排除であり、極めて望ましい。給料の一部を無駄遣いして、時間を浪費し、家族との時間を減らすことは究極の無駄で、その無駄がなくなるということは、日本社会が効率化していることの現れだ。

つながりが必要な若者たちは、たとえば朝活と称して勉強会を朝、コーヒーショップで行っている。婚活も、派手な合コンパーティではなく、この朝活や、一緒に山に登るなど、極めて低コストで、しかし、中身はより充実したもので行うようになってきている。

飲み会は、友達の家で家飲みをすれば、低コストで、よりくつろげ、友情もより深まり、何より楽しい。会話も、家の家具、かける音楽、料理レシピの話、キッチンツールの話と、より実のある、そして、人間の本質の現れる話になる。

バーカウンターではったりをかまして女性を口説くことなど、単なる無駄を超えてインチキであるから誰も望まない。草食は生態系でも効率的だ。これこそ効率的な社会である。

円高・デフレ戦略という王道

まとめよう。

マクロ政策としては、円高を追求し、世界における研究・開発・生産ポートフォリオを効率よく確立する。場としての日本の価値を守るために、また発展させるために、日本の資産価値を上げる円高を進める。

そのなかで、生産工場は日本にこだわらず、質とコストバランスから世界で最も効率的な場所を選ぶ。開発は、消費者のニーズを汲み取り、需要と開発の有機的な好循環のためにも、消費立地を中心に世界に展開する。

研究は開発と一体的に行うものと、基礎研究と製品開発を連携させるような研究開発を、日本でも海外でも行う。国内での勤労所得、企業利益が一つの柱で、海外投資収益がもう一つの所得の柱になる。

このとき、日本という場が、研究開発、生産のヘッドクオーターとして魅力ある地域であるためには、豊かで多様な社会でなければならない。そのためには、教育に力を入れ、人を育てる。研究機関としての大学院だけでなく、幼児教育から含めて、トータルで社会として人材を育てる。職場においても、人的資本を高め、賃金も利益も増える好循環を実現させる。

この生活基盤を支えるために、効率の良い社会を目指す。効率化の結果、生活コストが低く、かつ環境の良い暮らしやすい社会が実現する。

価格水準からいけばデフレ社会であるが、それはむしろ望ましい。

東京の一極集中は効率が悪いので、地域ごとの自然な発展を促す。それによって、これまで日本がつくり上げてきた各地域の豊かな社会資本、環境、地域社会を有効活用し、社会の蓄積、ストックを経済的にも活用し、社会として豊かさを享受する。

需要を喚起し、経済的な数字を短期に追うのではなく、真の発展、成長を目指すために、人が育ち、社会に資産が蓄積され、それが資本となり、未来へ持続する社会がつくられ、人も経済も成長する道を目指す。

政府財政は、年金など、社会保障をカネだけですませようとするのではなく、社会で社会保障を行い、実質的に、高齢者を含めた人々の生活を支える。

そのためには、地元の行政が住民と一体となって地域社会をつくっていく形を目指す。中央政府はそれを効率よく支える。

これが、円高デフレ戦略だ。

日本社会と経済を持続的に発展させるには、この道しかない。

終章
異次元の長さの「おわりに」

対案などというつまらないものに執着したために本論で触れられなかった、本当の日本経済の将来ヴィジョンを提示しよう。

成長の時代は終わった。
もはや経済成長を求める時代ではないのである。
それは成熟経済だ。
成熟とは何か。
経済を最優先としない経済社会である。

＊＊＊

経済は所詮、手段でしかない。所得も、何かを手に入れるだけの手段に過ぎない。だから、手段は手段として割り切り、状況、環境に合わせたものを選択するのが当然だ。その当然のことを自然にできる社会。それが成熟社会であり、成熟社会経済だ。

――経済成長のためには需要が必要だ。輸出を増やさないといけない。輸出を回復するには円安が必要だ。GDPを上げるためには、景気刺激策をとらなければいけない。景気刺激をするためには、金利を下げないといけない。日銀はすでにゼロ金利政策をとっているから、実質金利を下げるためには、インフレを起こさないといけない。インフレを起こすためには、度肝を抜く、異常な金融緩和政策をとらないといけない。それにより、円安が進んでも、インフレのためにはしかたがない。輸入品を高く買い、輸出品を安く叩き売ることにより国が貧しくなっても、インフレにより生活が厳しくなってもしかたがない。輸出のためには、国が貧しくなることぐらいやむを得ない……。

何かがおかしい。

過去にとらわれているのだ。

日本経済の昔の構造にとらわれ、昔のビジネスモデルに固執し、円安は日本にプラスという昔のイメージに支配され、日本経済が置かれている現実を直視しない。

日本経済は、世界経済とともに動いている。経済は生きている。変化する。生きている経済は、政策ではコントロールできない。

にもかかわらず政策で経済をなんとでもできると思っているエコノミスト。政策にすべての経済問題を解決することを迫る有識者、メディア、世論、雰囲気。それに応えようとする政治。それで選挙に勝とうとする政党。

コントロールの誤謬。政策依存症候群。

この二つが解消されなければ、日本経済の未来はない。すなわち、日本経済は成熟できない。日本社会は未熟なまま、衰退していく。これが日本の終わりだ。

成熟社会とは、現実に柔軟に対応できる社会である。どのような変化、ショックが起きても、円熟したベテランとして、それを受け止め、その中でベストを尽くし、さらには、その新しい環境、逆境をもむしろ活かすことにより、さらに円熟することができる社会、経済。これが成熟社会経済だ。

人口が減少する。これはたいへんだ。じゃあ、移民を増やそう。子供を産ませよう――

これは問題を裏返しているだけだ。問題の裏返しは解決にならない。

人口が減少している原因は何なのか。人口が減少することはなぜ悪いのか。これを突き詰めて考えずに、人口減少という現象を嘆き、悲観し、右往左往しても、何も解決しない。ただ、対症療法を繰り返すだけでは、かえって問題を複雑化し、解決をさらに難しくするだけだ。

年金問題が立ちいかないから、若い世代を増やす。それは間違いだ。問題は、人口ではなく、年金制度にある。

人口の変化は起こり得ることで、しかも誰もが予想できた、いや確実に起きていることを知っていたことであった。たとえ変化が予想できなかったとしても、予想以上に寿命が延びたとしても、予想以上に寿命が延びることを予想しないといけない。

ましてや、GDPが予想以上に増えなかったこと、賃金が伸びなかったこと、これを言い訳にしてはいけない。経済はどうなるか誰にも予想できないのであり、予想できたとしても何かが起これば変わり得るのだから、経済の変化で制度が破綻するような制度をつくってはいけないのだ。

将来の経済状況の予想により左右されるような制度は、根本的に誤りだ。

若者が減ると活力が失われる。しかし、活力を失った若者が大勢いる。都会は若者不足ではない。むしろ多すぎる。いろんな傷を負った若者が多すぎる。若者を増やす前に、ブラック企業によって壊される若者を守らないといけない。システムエンジニアをプレッシャーで病気にするのを防止する制度が必要だ。

若者が結婚するように結婚する金銭的インセンティブを与える。子供を持つように金を配る。そんな対症療法は意味がない。前提条件を整えることが政府の役割だ。政策だ。

人間的な生活が送れる環境をつくり、労働環境を整え、ワークライフバランスなどとあえて言わなくていい雇用となるようにする。そうすれば、若者は人間的な生活を取り戻す可能性がある。それでも結婚も出産も増えなければ、それが今の社会だということだ。

子供を産ませるのではなく、託児所が機能するようにすればよい。そうなれば、子供を持つかどうかは、各人の選択だ。

子供を増やすために婚外子を法的に認める？　婚外子を社会的に精神的に受け入れる土

壊がなければ、意味がない。高齢出産も自然の摂理からいけば、非常に不自然で危険だ。高齢出産をサポートするのではなく、高齢まで出産を延ばさざるを得ない状況を変えることが重要だ。

問題の根源を取り違えている。現象対応では意味がない。

成熟社会とは、社会の変化、世界の変化を受け入れ、柔軟に対応する社会だ。しかし、本質的な問題の存在を発見すれば、それは全力で解決する。現象に対応するのではなく、根源にアプローチするのだ。そうでなければ、現象が収まっても、また別の問題が起きる。より大きな問題となって、ひずみとなり、ひずみはシステム破綻の危機となる。まさに、今の金融緩和と同じだ。

ＧＤＰの増加率が、人口が減ると低下する。マイナスになる。労働力が減ると生産力が落ち、ＧＤＰが減少する。だから、人口を増やさないといけない。これは最悪の間違いだ。

我々は社会の中で生きている。経済は手段だ。手段と目的を取り違えてはいけない。所得増大は手段だ。目的はいい社会をつくること、維持すること。経済規模は手段に過ぎない。一人当たり国民所得ですら手段に過ぎない。社会が荒んでいれば、所得が二%ぐらい増えたって、まったくいい社会ではない。豊かな社会ではない。当たり前だ。

社会の在り方として、若者が少ない社会は良くない。問題はそこだ。この価値観を支持するなら、まず、若者をきちんと育てよう。社会で育てよう。甘やかして弱い若者をつくってはいけない。少子化の一番の問題は、過保護になることだ。両親が子供を祖父母に預けることの最大のリスクは、かわいがりすぎることだ。一方で、愛を受けずに育つリスクはもっと深刻だ。そのために、社会で、どういう仕組みをつくるか、考える必要がある。

——たとえば、こういう考え方なら、政策として議論する意味がある。この議論を経て、政策を実行し、質的な環境が整ったら、その次に、若者を増やす、子供を増やす、という話になる。

それも、政策で無理に増やすのではない。**国のために増やすのではなく、子供を育てたい両親がそれを実現できない障害があれば取り除く。政策にできることは、それだけであり、それで十分だ。**

＊＊＊

アベノミクスとは、問題の裏返しそのものだ。

異次元の金融緩和とは、現象への対症療法に過ぎない。一時しのぎに過ぎず、より大きなシステムリスクを呼び込む政策だ。

昔の日本経済に戻ることはできない。円安で輸出して不景気をしのぐ時代は終わった。価格競争で通貨を安くして輸出を増やす時代は終わったのだ。フローで稼ぐ時代は終わり、これまで蓄積したストックの有効活用により健全な発展を図る。成熟する。それがヴィジョンだ。

蓄積したストックとは金融資産だけでない。これまでのノウハウ、ブランド、いやそんなものをはるかに超えた、日本社会に存在する知的財産だ。それが社会の力だ。

そして、その力は、個々の人間の中にある人的資本だ。それを社会で有機的に活かす仕組みだ。

それが社会であり、有機的な社会をうまく育てるために、部分的に埋め込むのが社会システムだ。年金制度、医療制度、教育制度。それらはその一例だ。

成熟社会においては、この社会を活かすことを考える。

それがヴィジョンであり、そのヴィジョンを社会に実現するための部分的なシステムである社会システムのデザイン、構築、運営、これらを助けるのが政策だ。

このヴィジョンは、経済政策においては、個々の力を発揮させるというヴィジョンであり、ボトムアップ、トップダウンというようなことではなく、個々の力が自由に発揮できるように、場を整える、その手助けをするデザインをトップが考え、実現する。そういう形だ。

具体的に言えば、金融政策はあくまで補助だ。インフレを起こして一挙解決、デフレ脱却ですべてが解決。それは間違いだ。安直だ。堕落だ。社会システムのデザインの放棄だ。

金融政策は、あくまで補助だ。実体経済が、企業が、個人が、投資、生産、消費へと動くのを、じっくり待つ。それらが足りないときは、動きたくなったら動けるように、場を整備しておく。金利を低く抑えておく。

一方、金融引き締めのときには、中央銀行の側から動く。能動的にブレーキをかける。

しかし、これも、動きが感じられないくらいの動きが理想だ。ブレーキを感じない、必要性も感じないように、経済が順調に安定していることが理想だ。バブルに対して急激に引き締めるのではなく、バブルを膨らませないのが中央銀行の仕事だ。

膨らみ、つぶれるのは最悪だ。さらに、そこで救世主として現れるのは、それが求められた時点で失敗なのだ。だから、**金融政策がまったく意識されない状態。それが理想だ。**影武者だ。現在のように、中央銀行の動き、一挙手一投足が注目されるというのは最悪の状況なのだ。すべての投資家が中央銀行依存症に陥っているということだ。

実体経済は関係がない。金融市場と実体経済の分離が起きている。中央銀行の堕落がそれを促進している。

景気対策はしない。財政政策による景気対策はしない。金融政策による微調整にとどめる。金融政策でGDP増加率の底上げはしない。ショックは和らげる。変動は少し緩和する。しかし、それ以上はやらない。すべては、長期的な健全性にささげる。金融市場の安定性を守る。

だから、現状で言えば、ゼロ金利は継続する。しかし、量的緩和は縮小する。市場をびっくりさせることはしない。国債の買い入れはできる限り少なくする。しかし、スムーズに少しずつ減らす。ゆっくりと慎重に出口に向かう。財政も金融も影武者でなくてはならない。

政府の政策は、社会政策に絞る。経済成長ではない。人を育てる。健全な人間を社会が育てる。その環境を整備する。

労働力として、経済成長の歯車としての労働力を育てるのではない。健全な人間が育つようにする。健全に育てば、生きるためにきちんと働く。生きる意欲、生きる活力を持った人間が育つ。そういう人間は自然と意欲を持って働く。そのときに、政府が補助をする。

これこそが、長期的に持続可能な社会を生み出す唯一の道であり、その結果として、経済は自然と健全な発展を遂げ、成熟するだろう。

環境変化に対する対応力。これが成熟社会経済の基本だ。これは、政策依存体質により損なわれる。依存という堕落により喪失する。個々が自分の運命を自分で切り拓く。それがすべての基本だ。政府、政策は、自ら切り拓くことを妨害する力から国民を守るためにある。切り拓いてやるのが仕事ではない。

リフレ政策に見られるような一挙解決願望。願望を持つ側も悪い。それに応えられるようなふりをする有識者、エコノミスト、政治家も悪い。両側で、日本経済の成熟を妨げている。

成熟社会においては、トップダウンアプローチは通用しない。政府が有望な産業を指定し、資源を投入する方法はうまくいかない。なぜなら、個は多様であり、トップダウンで一つの方向に結集することはできない。するべきでない。個が多様な力を発揮できるような場の整備、場のデザインが政府の役割だ。

しかし、つくり込みすぎはいけない。街づくり、住宅設計、オフィス設計と同じだ。街も家も職場も、そこで生きる人間がつくるものだ。そのための場を整えるのであり、フレームはつくるが柔軟で、そこで生きる人間が調整できるものであり、フレームが合わなくなったら、個々の生きる人間が修整する仕組みだ。

無理矢理つくった街、計画都市はほとんど成功しない。よく練られた柔軟な計画だけが成功する。制度は生きていることを知らない人々の設計では、制度も社会も壊死する。デザイナーは、フレームの変更の必要性を常に観察し、試行錯誤で修正を重ねる。ヴィジョンの根本的な変更があれば、建物自体を建て替えなければいけないが、それはめったに来ない。

政治家も評論家も、安易にすべてを投げ捨て、ゼロクリア、ゼロスタートを叫ぶが、そういう人々は、壊すことだけしか考えないし、行わない。好き勝手に新しく自由に制度をつくれると思っているなら、彼らをデザイナーにしてはいけない。

明治維新、大化の改新のような、抜本的な変革期というのは、一〇〇〇年に一度しか来ない。徳川幕府のシステム設計は素晴らしいが、あれは、個を活かすデザインになっているから素晴らしいのだ。さらに、社会としては、従来の延長線上であり、修正に過ぎない。偉大な修正ではあったが、むしろゼロクリアしなかったからうまくいったのだ。中世と近代の間の近世という用語が当初、日本に特有だったのは象徴的だ。

さらに、江戸幕府による日本社会経済の成熟は、政治による革命的な成長戦略によるものではない。政治は、武士同士の戦いをなくすという目的を果たした。その枠組みの下で、社会と経済が自然に成熟した。社会の発展のほとんどは、農業生産力の上昇からきたのだ。それを幕府は新田開発などで助けたにすぎない。

現代において、すぐに制度をゼロクリアするような提言をする人間は信用できない。間違っている。必要ない。社会を破壊するだけだ。代案なしに、代わりのデザインなしに、社会システムを破壊すれば、混乱、無秩序が訪れるだけだ。

岩盤規制、既得権益をぶっ壊して競争させても、競争自体は何も生み出さない。自由に行動できるようにすることが重要なのであって、競争自体は殺し合いもあり、ライバルを倒すだけの戦いになる。既得権者と新規参入者とが利権を争うだけのゼロサムゲームだ。

競争自体からはイノベーションは生まれない。自由な選択肢からしかイノベーションは生まれない。しかも、本質的には、創造性は制約条件の下でしか発揮できない。自由過ぎては、何も生まれない。

今必要なのは、革命でなく、ヴィジョンの修正に過ぎない。それで十分だ。しかし、それは十分に行われていない。

世界が、世の中が動き、変化しているのに、それにヴィジョンの側がついて行っていない、政治主体が、有識者が、ついて行っていないのを修正するだけだ。

人々も企業も、ちゃんと地に足をつけて生きている主体は、すでにわかっている。日本は成熟社会になったのだと。だから、円安になったからと言ってむやみに安売りをして輸出を増やそうとしない。製品の価値を維持し、ブランドを維持し、次の製品に備え、次の市場に備えているのだ。

所得水準は、これから平均ではそれほど伸びない。世界の競争は激しく、日本だけが勝ち残ることを無邪気に期待するわけにはいかない。生産の多くは途上国、新興国にゆだねることになる。国内の働き手は、国内サービス産業を中心に雇用を得ることになる。

同時に、ストックの有効活用が進む。政府は、ストックの活用を助けるのが仕事だ。

＊＊＊

景気対策もしない。所得分配も大がかりにはやらない。だから、現在、政治的に議論されている経済政策はほとんど関係なくなる。新しい成熟社会というヴィジョンを持ち、全員が大都市のサラリーマンを目指す社会から脱却し、地方重視の人々の嗜好を汲み上げ、地方経済の崩壊を防ぐ。そのために、なんとか頑張っている現存の企業の側面支援をする。人材が回るようにすることで、あとは自力で健全に発展、持続してもらう。地方など創生できない。これまでうまくいっていたものが、衰退するのを防ぎ、少しサポートするだけだ。

すべての個人、すべての企業が自分で責任を持って、自分の選んだ道を行く。コストの低い、しかし、環境の充実した、ストックの豊かな社会であることが、それを支える。政府は、その補助をし、制度を、社会システムを、修正して、社会の持続を支える。デザイナーとして日々修正をしていく。

もちろん、経済成長という名のＧＤＰの拡大は目指さない。この社会の結果として、そうなればそれでいい。

これが二一世紀から二二世紀のヴィジョンだ。

二〇一五年一月

小幡　績

ディスカヴァー携書 139

円高・デフレが日本を救う

発行日　2015年1月30日　第1刷

Author　小幡　績

Book Designer　石間　淳（カバー・本文フォーマット）
インフォバーン（帯表1）

Publication　株式会社ディスカヴァー・トゥエンティワン
〒102-0093　東京都千代田区平河町2-16-1 平河町森タワー11F
TEL　03-3237-8321（代表）
FAX　03-3237-8323
http://www.d21.co.jp

Publisher&Editor　干場弓子

Marketing Group
Staff　小田孝文　中澤泰宏　片平美恵子　吉澤道子　井筒浩　小関勝則
千葉潤子　飯田智樹　佐藤昌幸　谷口奈緒美　山中麻吏　西川なつか
古矢薫　伊藤利文　米山健一　原大士　郭迪　松原史与志　蛯原昇
中山大祐　林拓馬　安永智洋　鍋田匠伴　榊原僚　佐竹祐哉　塔下太朗
廣内悠理　安達情未　伊東佑真　梅本翔太　奥田千晶　田中姫菜
橋本莉奈
Assistant Staff　俵敬子　町田加奈子　丸山香織　小林里美　井澤徳子　橋詰悠子
藤井多穂子　藤井かおり　葛目美枝子　竹内恵子　熊谷芳美
清水有基栄　小松里絵　川井栄子　伊藤由美　伊藤香　阿部薫
松田惟吹　常徳すみ

Operation Group
Staff　松尾幸政　田中亜紀　中村郁子　福永友紀　山﨑あゆみ　杉田彰子

Productive Group
Staff　藤田浩芳　千葉正幸　原典宏　林秀樹　石塚理恵子　三谷祐一
石橋和佳　大山聡子　大竹朝子　堀部直人　井上慎平　松石悠
木下智尋　伍佳妮　張俊崴

Proofreader, DTP　文字工房燦光
DTP　アーティザンカンパニー株式会社
Illustrator　新田由紀子（ムーブ）
Printing　凸版印刷株式会社

ISBN978-4-7993-1635-1

携書ロゴ：長坂勇司
携書フォーマット：石間　淳